공부호르몬

공부호르몬

습관과 의지를 지배하는 호르몬을 알면 '공부의 길'이 보인다

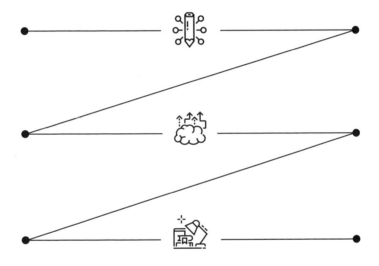

박민수 · 박민근 지음

21세기북스

공부는 의지나 IQ가 아니라 호르몬의 문제다

머리가 나빠서 공부를 못한다?

공부 클리닉을 운영하다 보면 다양한 이유로 공부가 힘든 사람들을 만난다. 열심히 하는데도 성적이 오르지 않는 사람, 오늘부터 공부하겠다고 다짐하고서 집중하지 못하는 사람, 아무 이유 없이 공부가 하기 싫은 사람 등 유형도 다양하다. 그들이 공통적으로 하는 말이 있다.

"저는 머리가 나쁜가 봐요. 꾀부리지 않고 다른 사람만큼 열심히 공부했는데 남들보다 늦게 이해하고 시험 점수도 낮아요."

누군가는 공부가 제일 쉽다지만, 이들에게는 공부가 세상에서 가장 어려운 일이다. 이들뿐만 아니다. 상급 학교로 진학하기 위해 각종 시험이나 자격증 취득을 대비하면서, 또 어떤 교육 과정을 이수하면서 누구나 한 번쯤 이런 생각을 해본 적 있을 것이다. 꼭 눈에 보이는 목표가 없더라도 책을 읽거나 새로운 것을 배우며 공부 능력 부족을 한탄한 적 없는 사람이 얼마나 될까.

이들에게 "당신의 뇌나 천재의 뇌나 큰 차이가 없다"고 말하면 믿지 않는다. 실제로 사람은 누구나 성능 좋은 두뇌를 가지고 태어난다. 단지 엄청나게 성능 좋은 뇌를 사용할 줄 몰라서 머리가 나쁘다고 생각하는 것뿐이다. 사람들 대부분은 뇌 활용 매뉴얼을 잘 모를뿐더러, 알더라도 제대로 쓰지 않아 공부에 실패한다.

인간은 욕망과 유혹에 약하다. 최고의 공부 기계를 가졌다 해도 이 유혹에 지는 바람에 원하던 목표에 도달하지 못한다. 며칠 남지 않은 시험을 앞두고 참고서나 교재가 아닌 스마트폰에 빠져 시간을 허비하는 경험은 흔한 일이다.

그렇다면 의지의 문제일까? 그것도 아니다. 공부가 안 되는 것은 흔히 '의지'라고 말하는 의식적인 마음의 작용과도 거리가 멀다. 당신의 공부 실패는 뇌의 일부가 당신 안의 충동이나 감정을 다스리기 못했기 때문이다. 다시 말해 공부가 잘되지 않는 이유를 단순히 타고난 지능이나 의지 때문이라고 말하는 것은 틀렸다. 그러니 자책할 필요는 없다.

최근 뇌과학계에서는 지능 대 가소성(변화 가능성)의 이론이 충돌하고 있다. 그리고 고정된 지능이란 없다고 하는 쪽이 점차 힘을 얻는 추세다. 뇌는 얼마든지 새로운 환경에 적응하고 변한다는 주장이 수많은 사례 연구를 통해 설득력을 얻고 있다. 다시 말해 당신의 지능은 당신이 뇌를 어떻게 활용하느냐에 달려 있다.

사람들은 자신의 아이큐를 대략 추정해보곤 한다. "내 아이큐는 아마 105나 110쯤 되지 않을까?" 하고 말이다. 이는 잘 모르고 하는 소리다. 이 책을 읽는 거의 모든 사람의 지능은 대략 100에서 150 사이다. 이 또한 고정되어 있지 않다. 어떤 하루를 보내느냐에 따라서도 지능은 날마다 크게 변한다. 하루 동안에도 범인凡人과 천재 사이를 오갈 수 있다.

심리학 개념 중 '고정형 사고'와 '성장형 사고'라는 것이 있다. 고정형 사고는 '나는 원래 이 정도 그릇일 뿐이야'라고 생각하는 것이고, 성장형 사고는 '나는 바뀔 수 있어. 노력하면 돼'라고 생각하는 것이다.

고정형 사고를 가진 사람과 성장형 사고를 가진 사람은 길게 보면 거의 모든 면에서 격차가 생긴다. 요즘 사람들이 말하는 '노오력(작은 노력으로는 부족하다는, 큰 노력이 필요하다는 은어)'을 말하려는 것이 아니다. 사실 공부가 잘 안돼서 고민하는 사람 중 부족한 노력이 원인인 사람은 거의 없다. 어떤 방식으로든 노력하기 때문에 고민도 하는 것이다.

문제는 잘못된 노력을 하고 있다는 것이다. 제대로 된 매뉴얼을 따르면 누구나 공부능력자가 될 수 있다. 당신이 아직 그것을 모를 뿐이다.

공부하지 않을수록 공부를 잘한다

평범한 사람이 어떻게 천재가 될 수 있을까? 무턱대고 열심히 한다고 되는 것이 아니다. 시중에 떠도는 숱한 공부법, 독서법을 함부로 믿어서도 안 된다. 그중에는 전혀 과학적이지 않고 심지어 우리를 기만하는 내용도 많다. 괜히 그것들을 따랐다가는 시간만 허비한다.

최근 유럽을 휩쓸고 있는 플립 러닝Flipped Learning이라는 학습법이 있다. 원어 그대로 '거꾸로 하는 공부'다. 교사가 무엇을 강제적으로 가르치는 것이 아니라 학습자, 대개 아이들이 스스로 뭔가를 만들어내며 필요할 때마다 자발적인 검색을 통해 정보를 찾아서 배우는 역순행적 학습 방법이다. 교육 선진국은 앞다퉈 플립 러닝 방식을 학교 현장에 도입하고 있다. 플립 러닝은 우리 내면의 '자기결정 욕구'를 지속적으로 자극해 공부에 대한 열정과 호기심을 극대화한다. 학습자가 수업의 주인이 돼 높은 학업 발달을 이루고, 학습참여자가 집단지성의 위력을 체험하는 대단히 과학적인 공부법이다.

교육 선진국은 아동의 두뇌 발달을 위해 영양과 운동, 수면 상태도 세심하게 관리한다. 충분한 야외 활동과 신체 활동을 통해 심신의 건강과 두뇌 발달을 꾀한다. 많은 교육 선진국이 이렇게 몸과 마음, 뇌가 최적의 조합을 이루는 교육 환경을 만드는 데 사활을 걸고 있다.

반면, 우리 사회에는 여전히 '공부노예'가 넘쳐난다. 공부노예는 열심히 공부하지만 성과를 얻지 못하는 사람들이다. 강요에 의해 어쩔 수 없이 공부하는 유아, 학생, 성인들을 지칭하는 말이다. 그들은 공부를 하면 할수록 호기심과 자기결정 욕구가 파괴된다. 우리 사회 도처에서 공부를 하려 해도 제대로 할 수 없는 공부불능자가 양산되는 이유다.

공부는 놀이에 가까워야 한다. 즐기면서 하는 공부는 무한대로 뇌를 확장시키지만, 억압적인 공부는 뇌와 마음을 극한까지 축소시킨다. 일과 삶, 학습이 조화되고 통합될수록 공부 능력이 성장한다. 공부 하나에 매달려 자신을 소진하지 않는 삶, 삶의 균형에 초점을 맞춘 지극히 건강한 생활 방식이 최대치의 학습 능력을 보장하는 것이다.

잘 먹고 잘 쉬고 잘 노는 공부법

학습 능력은 몸과 마음, 뇌의 유기적 능력이다. 시중에 떠도는 지식이나 몇 가지 공부 기술을 익히는 정도로는 공부를 진정으로 잘할 수 없다. 한 사람이 가진 학습 역량을 최대치로 발휘하기 위해서는 균형 잡힌 영양, 충분한 수면, 적절한 휴식, 규칙적인 운동, 심리학적인 학습 의욕 제고 등이 통합적으로 뒤따라야 한다. 이는 최적의 '웰빙'에 가깝다. 역설적이게도 잘 먹고, 잘 쉬고, 적당히 공부하는 웰빙이 최고의 학습 능력을 만들어낸다.

효율적인 학습은 상당 부분 뇌 내 호르몬이 담당한다. 특히 세로토닌, 도파민, 옥시토신과 같은 몇 가지 중요 호르몬은 학습에 지대한 영향을 미친다. 우리는 이 책에서 몇 가지 주요 학습 관여 호르몬을 통칭해 공부호르몬이라고 부를 것이다. 이 호르몬들의 유기적인 결합이 학습 능력을 보장하기 때문이다. 우리 모두가 가진 탁월한 성능의 뇌를 강력하게 펌프질하는 것이 이 공부호르몬이다.

건강하지 않은 신체, 부정적인 마음이 지배하는 뇌에서는 세로토닌과 도파민, 즉 공부호르몬이 고갈되고 만다. 억지로라도 공부하겠다고 마음먹지만, 제대로 공부가 되지 않았던 것은 공부호르몬이 학습을 돕지 못했기 때문이다.

이유 없이 공부가 안된다고 아우성쳤던 당신이 놓친 진짜 진실은 바로 이 공부호르몬에 있다. 공부호르몬의 활성 없이는 누구도 실질적인 학습 효과를 얻을 수 없다. 지금까지 당신이 만난 무수한 공부 관련 지식이 가짜이거나 지극히 지엽적인 것일 수밖에 없었던 이유이기도 하다.

이제 당신에게는 최고의 공부를 위해 몸과 마음, 뇌에 대한 정교한 지식이 필요하다. 이를 조화롭게 운영하는 것이 바로 공부호르몬 기반 학습이다.

이 책은 당신에게 희망을 제시하기 위해 썼다. 공부노예로 끌려

다니며 공부에 정복당하지 않는, 공부주인이 되는 길을 열어주기 위한 방법을 책에 담았다. 이 방법은 공부가 즐거운 유희로 변하도록 이끌 것이다. 뛰어난 학습 능력이 당신 마음과 뇌, 몸 안에 장착되는 놀라운 경험을 안겨줄 것이다.

세상에 뜻대로 되지 않는 일은 많다. 하지만 적어도 공부, 마음과 뇌, 신체만은 자신이 하기에 따라 얼마든지 뜻대로 바꿀 수 있다. 당신은 공부를 통해 커다란 자유와 성취를 만끽할 수 있다. 죽어버린 학습 동기, 학구열, 지적 호기심, 공부 몰입이 되살아나는 감동을 느낄 수 있도록 검증된 매뉴얼을 이 책이 알려줄 것이다. 공부호르몬의 활성화를 통해 최고의 학습자가 되는 길로 당신을 초대한다.

2018년 여름
논현동 연구실에서
박민수·박민근

3장 공부호르몬 깨우기 2단계
: Mind, 앎의 즐거움을 되찾는 법

4장 공부호르몬 깨우기 3단계
: Body, 공부체질을 만드는 비밀

5장 실천편
: 평생 학습 습관을 완성하는 7주 공부법

1장

당신이 공부를 못하는
진짜 이유

공부를 떠올리면 행복감이 느껴지는 사람과 불안감이 느껴지는 사람의 차이는 공부호르몬이 가른다. 세로토닌, 도파민, 옥시토신 등과 같은 기쁨 호르몬과 공부가 단단하게 결합하면 우리는 새로운 지식에 강한 호기심, 학구열을 느끼는 사람이 될 수 있다.

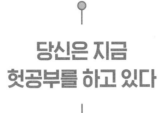

당신은 지금
헛공부를 하고 있다

'하루 8시간 공부'의 진실

공부하는 상황을 한번 떠올려보자. 먼저 책상 앞에 앉을 것이다. 책을 펼치기 전에 필기구를 챙기고 어제 정리한 노트를 훑어본다. 갑자기 지저분한 책상이 눈에 들어온다. 책상을 정리하다가 결국 방청소까지 하게 된다. 어렵게 마음의 준비를 끝내고 드디어 진짜 공부를 시작한다. 30분쯤 집중했을까, 책상 옆에 놓아둔 스마트폰이 신경 쓰인다. 자꾸 진동 소리가 들리는 것도 같다. 잠시 휴식 시간을 갖고 다시 공부한다. 이런 패턴을 반복하길 수차례. 8시간 이상 책상에 앉아 공부했으나 만족스럽지 않다. '헛공부병'을 앓는 사람들의 일반적인 공부 습관이다.

헛공부병은 이른바 공부를 비효율적으로 하는 병이다. 많은 한국인이 헛공부병을 앓고 있다. 책상 앞에 앉아 있는 시간은 긴데 실제로 공부하는 시간은 그 반에도 미치지 못한다. 왜 그럴까? 공부할 만한 뇌와 몸, 마음 상태가 아닌데 무턱대고 공부하는 것이 가장 큰 요인이다.

헛공부병을 앓는 사람에게 '당신의 뇌에 문제가 있다'고 말하면 쉽게 믿지 않는다. 그들은 특별한 질병이 있는 것도 아닌데 과도하게 진단하는 것이 아니냐고 반문한다. 하지만 특정 증상이 없더라도 뇌에 문제가 있을 수 있다. 낮은 집중력이 대표적인 문제다. 우리 주변에는 제대로 집중하지 못하는 뇌 때문에 괴로워하는 사람이 매우 많다. 담배나 각성제, 커피나 설탕이 없으면 짧은 집중력도 발휘하지 못하는 사람이 얼마나 많은가?

마음 역시 공부를 못하게 만드는 중대한 원인이다. 많은 사람이 공부에는 마음보다 지능이 더 큰 영향을 미친다고 생각한다. 물론 뛰어난 지능은 학습에 도움을 줄 수 있다. 그러나 공부란 지능이 아닌 마음으로 세우는 탑이다. 긍정적인 마음가짐이나 성실한 태도가 없을 때, 또 진취적인 사고방식과 성취동기가 부족할 때 학습은 정체되고 때로 전혀 성과를 내지 못하기도 한다.

몸 상태도 중요하다. 건강하지 않은 몸에서 높은 지력이 나온다는 말을 들어본 적 있는가? '건강한 신체에 건강한 정신이 깃든다' 는 말처럼 뛰어난 체력은 더 나은 학습을 보장한다.

공부를 잘한다는 것

뇌, 마음, 몸의 문제를 아우르는 가장 중요한 원인이 있다. 바로 당신이 공부를 즐기지 못하고 있다는 사실이다. 최근 한 연구에서 청소년을 대상으로 행복과 학업 성취가 얼마나 관계가 있는지 조사한 적이 있다. 그 결과 중학교 2학년 때 삶의 만족도, 즉 행복지수가 높은 아이들이 4년이 지난 고등학교 3학년이 되었을 때 다른 아이들에 비해 학업 성취 수준이 더 높았다. 심지어 부모의 학력이나 수입, 사교육 정도, 사교육비 수준 등 다른 요인보다 삶의 만족도가 학업 성취와 관련이 더 깊다는 결과가 나왔다. 우리가 흔히 알고 있는 상식처럼 머리가 나빠서, 혹은 가난하거나 좋은 학원에 다니지 못해서 공부를 못한 것이 아니었던 것이다.

일반적으로 공부하거나 일하는 사람의 뇌에서는 행복호르몬이 아닌 스트레스호르몬이 용솟음친다. 스트레스는 반짝 하며 짧은 효과를 가져다줄 수는 있겠지만 긴 작업에서는 되레 독이 된다. 스트레스 받아가며 공부하면 할수록 동기는 사라지고 효율이 낮아지며 의욕은 꺾이기 때문이다.

억지로 하는 공부, 다른 목적을 이루기 위한 수단으로만 이뤄지는 공부는 별 효과를 내지 못한다. 학습심리학에서는 이렇게 학습하는 사람을 전략적 학습자, 피상적 학습자라고 부른다. 이런 사람은 공부할 때 스트레스를 심하게 받고, 심한 경우 우울해지거나 불안해지기도 한다.

그렇다면 자신이 헛공부병을 앓고 있는지 보다 객관적으로 파악할 수 있는 방법은 없을까? 다음을 보고 해당되는 항목에 체크해보자.

■ 헛공부병 체크리스트

문항	YES	NO
1 공부가 즐겁지 않다.	☐	☐
2 공부하고 싶은 마음이 잘 생기지 않는다.	☐	☐
3 공부가 때로 힘들거나 지겹다.	☐	☐
4 공부나 독서에서 한 번에 50분 이상 집중하기 힘들다.	☐	☐
5 공부할 때면 잡념이 생기곤 한다.	☐	☐
6 공부를 시작하기까지 상당한 시간이 소요된다.	☐	☐
7 공부할 때 불편한 마음이 자꾸 생긴다.	☐	☐
8 공부를 마치고 나도 마음이 개운하지 않다.	☐	☐
9 새로운 지식과 책에 대해 별다른 호기심이 없다.	☐	☐
10 공부를 잘하고 있다는 생각이 들지 않는다.	☐	☐

공부호르몬

10개 문항 중 5개 이상 체크했다면 당신은 헛공부병을 앓고 있는 것이다. 아무리 공부를 하려고 해도 잘 되지 않았던 것은 만성이 된 헛공부병 때문이다. 체크 항목이 1~2개 정도인 사람도 안심하지 마라. 아직까지는 효율적으로 공부하지 못하고 있는 상태니까 말이다. 혹시 위에서 제시한 10개 항목 중 해당되는 게 단 한 가지도 없는가? 그렇다면 당신은 이 책에서 말하는 '완벽한 공부호르몬 활성 상태'에 이른 것이다.

이 책은 헛공부병을 앓고 있거나 최적의 공부 상태가 아닌 사람들을 위한 책이다. 그들을 공부호르몬이 활성화된 상태, 위 체크리스트 중 단 한 가지 항목도 해당되지 않는 상태로 이끌기 위해 쓴 책이다. 이 책을 읽으며 체크리스트의 부정 문항을 긍정 문항으로 하나씩 바꿔보자. 공부하기 가장 좋은 상태가 될 것이다.

시작은
호기심이다

호기심의 유효기간

아인슈타인은 "나는 별다른 재능이 없다. 단지 호기심이 왕성할 뿐이다"라고 말했다. 인류가 이룬 고도의 문명을 찬찬히 들여다보면 호기심의 축적이라고 해도 과언이 아니다. 위대한 발견이나 발명은 대개 강력한 호기심의 산물이기 때문이다. 이처럼 우수한 학습자가 가진 성격적 특성 중 가장 두드러지는 것이 바로 강력한 호기심이다.

지적으로 뛰어난 사람만 출중한 호기심을 가질 수 있는 건 아니다. 호기심은 인간이라면 누구나 가진 본능이며 보편적인 심리다. 호기심과 관련된 뇌 부위는 미상핵인데, 이 영역은 성욕이나 식욕을 담당하기도 한다. 호기심과 인간의 기본 욕구에는 어떤 상관관계가 있을까? 학자들은 과거 인류의 생존 방식에서 그 실마리를 찾았다.

까마득히 오랜 옛날에는 호기심과 인지능력이 뛰어난 인류만이 생존과 번식에 필요한 식량과 자원을 획득할 수 있었다. 따라서 호기심과 관련된 뇌 영역과 인간의 원초적인 욕구를 담당하는 뇌 부위가 함께 커졌을 것이라고 학자들은 추측한다.

문제는 호기심이 쉽게 손상된다는 점이다. 월트 디즈니 컴퍼니와 픽사가 만든 애니메이션 〈인사이드 아웃〉을 예로 들어보자. 이 영화에는 '빙봉'이라는 캐릭터가 등장한다. 빙봉은 주인공 소녀 라일리가 호기심 가득했던 유년 시절에 만든 상상 속 친구다. 빙봉은 인간 내면에 존재하는 상상력의 세계를 상징한다. 라일리가 사춘기를 맞이할 무렵, 빙봉은 그만 심층 무의식 아래로 떨어져 영영 소멸되고 만다.

이는 나이가 들수록 줄어드는 인간의 상상력을 상징하는데, 위낙 무의식적인 일이라 라일리는 인지조차 못한다. 영화와 마찬가지로 인간의 호기심은 나이가 들면서 자연스럽게 사라진다. 물론 매우 드물게 나이가 들도록 왕성한 호기심과 지적 욕구로 자기 갱신을 거듭하는 사람도 있다. 그러나 대다수의 성인은 호기심을 상실한 채 지루하고 반복적인 삶을 산다.

왜 그럴까? 우리가 받았던 교육에 그 원인이 있을 수 있다. 훌륭한 교육이라면 알고자 하는 인간의 본능적인 욕구를 즐겁고 유쾌한 지적 경험을 통해 증진시켜야 할 것이다. 하지만 수십 년간 지속된 주입식 교육은 우리의 호기심을 말살했고 학문의 즐거움을 사라지게 만들었다. 그래서 공부는 하기 싫지만 억지로 해야 하는, 재미없는 일이라는 편견이 팽배해졌다. 지적 호기심, 다시 말해 학구열은 학습에 대단히 중요한 영향을 끼치는 심리적 특성이다. 하지만 그럼에도 불구하고 대부분의 사람들에게 동기부여를 하지 못한다.

지금부터 당신의 지적 호기심 수준을 알아보자. 이는 공부를 효과적으로 하는 데 매우 중요한 판단 기준이 될 수 있다.

■ 호기심 지수 테스트

문항	그렇다	보통이다	아니다
1 나는 궁금한 것이 생기면 책이나 백과사전을 통해 알아보려고 노력한다.	☐	☐	☐
2 나는 새로운 대상에 대한 궁금증이 많아서 사람들에게 자주 물어본다.	☐	☐	☐
3 나는 세상이 매우 흥미로운 곳이라고 생각한다.	☐	☐	☐
4 나는 결코 지루해하지 않는다.	☐	☐	☐
5 나는 다른 나라나 문화에 대해 이야기 듣는 것을 무척 좋아한다.	☐	☐	☐

공부호르몬

6 나는 어떤 상황에서나 흥미로운 일을 찾아낼 수 있다.	☐	☐	☐
7 나는 새로운 것을 배울 때 깊이 몰입한다.	☐	☐	☐
8 어떤 것을 새롭게 배울 때 매우 즐겁고 유쾌하다.	☐	☐	☐
9 나는 매일 무엇을 배울 기회를 찾으려고 한다.	☐	☐	☐
10 나는 궁금한 것을 알아보느라 항상 분주하다.	☐	☐	☐
11 나는 새로운 것을 보거나 색다른 일을 할 때 호기심이나 흥미를 많이 느낀다.	☐	☐	☐
12 나는 무척 다양한 책을 읽는다.	☐	☐	☐
13 나는 새로운 것을 배울 수 있는 동영상이나 강의를 즐겨 듣는다.	☐	☐	☐
14 새로운 것을 알게 됐을 때 뿌듯한 기분이 든다.	☐	☐	☐
15 새로운 사실을 안다는 것은 무척 행복한 일이다.	☐	☐	☐

'그렇다'는 2점, '보통이다'는 1점, '아니다'는 0점으로 계산한다. 총점 30점 만점에 27점 이상은 호기심이 뛰어난 사람, 24점 이상은 호기심이 많은 사람, 20점 이상은 보통 수준의 호기심을 가진 사람, 19점 이하는 호기심이 부족한 사람이라고 평가할 수 있다.

호기심 지수 테스트 문항은 당신이 새로운 지식을 접할 때, 또는 무언가를 알고자 할 때 이상적인 자세이기도 하다. 마음속에 이런 생각과 감정이 충만한 상태라면 높은 지적 호기심을 유지할 수 있다. 호기심이 부족한 사람이라면 보다 근본적인 '공부치료'가 필요하다.

누군가에게는 즐거운 공부

호기심이 사라졌다는 것은 학습심리학 용어를 빌려 풀이하면 '학구열'이 사라졌다는 뜻이다. 학구열은 학습에서 성공을 이루려는 욕구 때문에 생기기도 하지만, 대개는 새로운 지식에 대한 호기심에서 발생한다. 한국에서는 학구열Ardor for Study을 교육열Educational Fever로 받아들이는 경우가 많은데, 순수한 앎에 대한 욕구라는 측면에서 '학습애호Love of Learning'의 관점으로 이해하는 것이 더 바람직하다.

공부를 사랑한다는 것은 무슨 뜻일까? 새로운 지식을 만났을 때 저도 모르게 탐이 나고, 내 것으로 취하고 싶은 열의가 샘솟는 것이다. 이는 의식적으로 '공부를 열심히 해야지' 하고 마음먹는 것과는 상당한 차이가 있다. 새로운 무언가를 배우는 일이 그저 좋은 것이다.

어떤 사람은 담배 연기를 조금만 맡아도 질겁하지만, 어떤 사람은 담배 연기 속에서 천국을 느낀다. 공부에 대한 마음도 마찬가지다. 누군가에게는 공부가 하기 싫고 재미없는 숙제인 반면, 다른 누군가에게는 재밌고 흥미로우며 계속해서 하고 싶은 것이다. 후자는 새로운 지식, 새로운 책을 만나면 눈이 반짝거리고 그 내용을 자신의 머리에 담고 싶어 안달이 날 것이다. 이들에게는 '공부, 지식 = 즐거움, 쾌락, 사랑'인 셈이다.

공부에 대한 호기심과 학구열은 사람의 마음과 의지, 그리고 학습법의 변화만으로는 신장될 수 없다. 소프트웨어만 바꿔서는 안 되고 하드웨어 전체를 손봐야 한다. 즉 학구열과 공부 호기심을 자연스럽게 느낄 수 있는 두뇌 회로, 건강, 생활 습관을 체계적으로 재구성해야 한다.

그 중심에 '공부호르몬'이 있다. 실제로 공부호르몬이라는 학명이 붙은 호르몬은 존재하지 않는다. 하지만 공부할 때 우리의 뇌에서는 여러 호르몬이 분비된다. 이 호르몬은 공부를 하는 데 중요한 정도가 아니라 매우 막중한 역할을 한다. 호르몬의 긍정적 작용이 없으면 누구도 제대로 공부하지 못한다.

호르몬Hormone은 그리스어에서 온 말로 '북돋우다, 흥분시키다'는 의미를 가지고 있다. 호르몬은 우리 몸의 메신저다. 호르몬은 생체 유지에 반드시 필요한 체내 물질로 세포조직의 성장, 심장박동 조절, 신장 기능, 위장 운동, 혈당·체온·삼투압 등의 항상성 유지, 그리고 우리 몸에서 일어나는 거의 모든 변화, 심지어는 감정과 기억 저장까지 좌우한다. 호르몬은 신체 각 부위와 유기적으로 연락을 주고받으며 몸의 항상성을 유지한다. 우리 몸의 전지전능한 조절자인 것이다.

이 책에서 명명한 공부호르몬은 학습에 관여하는 뇌 속 호르몬의 융합이다. 세로토닌, 도파민, 옥시토신과 그 밖의 다양한 호르몬(성장호르몬, 인슐린, 성호르몬, 아드레날린 같은 스트레스호르몬)의 유기적인 조합을 공부호르몬이라고 부를 수 있다.

공부호르몬은 뇌 기능과 학습 능력을 좌우하는 핵심 인자다. 긍정적인 공부 마인드, 건강한 생활 습관, 튼튼한 몸과 뛰어난 뇌의 힘은 공부호르몬이 활성화되게 만든다. 이 활성화된 공부호르몬이 공부에 대한 강한 의욕과 에너지를 제공한다.

공부를 떠올리면 행복감이 느껴지는 사람과 불안감이 느껴지는 사람의 차이는 공부호르몬이 가른다. 세로토닌, 도파민, 옥시토신 등과 같은 기쁨 호르몬과 공부가 단단하게 결합하면 우리는 새로운 지식에 강한 호기심, 학구열을 느끼는 사람이 될 수 있을 것이다.

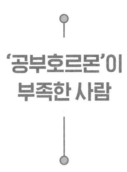

'공부호르몬'이
부족한 사람

공부가 잘되는 최적의 상태

공부는 뇌와 뇌에 공급되는 충분한 영양, 긍정적 태도와 마음가짐, 생활 습관 같은 요소들이 유기적으로 결합돼 만드는 '호르몬 믹스 Hormone Mix'에 의해 지속된다. 각 요소의 최적 지점만 알면 누구나 최상의 호르몬 믹스 상태를 유지할 수 있다. 그리고 이 같은 뇌는 특별한 외적 변수가 없다면 뛰어난 학습 능력을 발휘하게 된다.

먼저 호르몬 믹스를 만드는 원소에 대해 알아보자. 첫 번째는 세로토닌이다. 세로토닌은 인간의 집중력, 몰입력과 관련 깊은 신경전달물질이다. 우리가 어떤 대상에 깊이 몰입할 때 뇌에서는 세로토닌이 다량 분비된다. 그러므로 어떤 일에 장시간 집중하기 위해서는 반드시 세로토닌이 필요하다.

문제가 되는 것은 세로토닌 결핍이다. 현대인은 세로토닌 부족증에 시달리는 경우가 많다. 뇌에 세로토닌이 부족하면 쉽게 부정적인 정서에 사로잡히며 무기력해진다. 세로토닌이 결핍될 때 생기는 의욕 저하가 공부에 직접적인 타격을 가한다고 볼 수 있는 것이다.

두 번째 도파민은 쾌감에 관여하는 신경전달물질이다. 어떤 대상에 즐거움을 느낄 때 도파민과 관련된 보상회로가 뇌에 서서히 형성된다. 쉬운 일은 아니지만 학습 활동에서도 얼마든지 도파민이 관여하는 쾌감을 경험할 수 있다. 인간의 기억은 정서적이기 때문이다. 공부와 관련된 기억이 즐겁고 행복할 때 다시 공부를 하고 싶은 강한 동기가 생긴다. 공부에서 지속적으로 만족과 재미를 느끼면, 뇌에서는 차츰 공부와 관련된 도파민 보상회로가 형성된다. 이는 즐거운 공부에 의해 점화되는 회로라고 할 수 있다. 또한 도파민은 우리가 배운 내용을 장기 기억에 저장하는 데도 깊이 관여한다.

연애가 공부를 방해한다고?

마지막으로 옥시토신은 사랑 호르몬이다. 누군가에게 사랑을 느끼면 옥시토신이 뇌하수체에서 혈류로 분비된다. 옥시토신의 분비가 활성화되면 상대를 안고 싶은 충동과 성욕을 느낀다. 또 아이를 낳은 엄마라면 아기의 작은 움직임에도 세심하게 반응하게 된다.

옥시토신이 학습과 무슨 상관일까 싶겠지만, 옥시토신이 부족한 사람은 타인에게 냉담하거나 접촉을 꺼리는 경우가 많다. 불안 수준 또한 상대적으로 높다. 최근에는 진실한 신뢰 관계가 개인의 수행력을 극대화한다는 연구 결과가 쏟아지고 있다. 연구에 따르면 사랑에 빠진 사람의 뇌에서는 도파민, 옥시토신, 아드레날린 같은 행복감을 돕는 호르몬이 다량 분비된다. 이때 증가하는 호르몬은 학습을 돕는 호르몬과도 상당 부분 겹친다. 연구에서도 사랑에 빠진 사람의 인지능력은 그렇지 못한 사람에 비해 높은 것으로 나타났다. 누군가를 사랑하고 친구와 안정적인 우정을 나눌 때, 일이나 학습에서도 잠재력을 꽃피울 수 있다.

우리는 상담실을 찾아오는 수많은 사람을 상담하고 치료하면서 공부호르몬의 결핍과 학습 능력 혹은 작업 능력 퇴화 사이의 연관성을 확인할 수 있었다. 학습 능력이 뛰어난 사람은 공부 습관과 도파민 분비가 단단하게 결합돼 있었다. 또한 세로토닌 분비가 다른 사람에 비해 원활했으며 옥시토신이 샘솟는 풍요로운 인간관계를 형성하고 있었다. 세 호르몬이 원활하게 분비되는 사람이 바로 공부를 잘하는 사람이었던 것이다.

아무 이유 없이
공부가 하기 싫다면

공부의 목적

어떤 사람이 공부호르몬이 부족할까? 먼저 무엇이 공부를 방해하는지 생각해보자. 어쩌면 오랜 시간 뇌와 마음에 새겨진 공부 거부감이 문제일 수 있다. 식생활, 수면과 휴식, 건강한 유대 관계, 심리적 갈등과 같은 원인이 없더라도 우리는 공부 거부감에 시달릴 수 있다.

그런데 공부란 무엇일까? 우리는 도대체 왜 공부할까? 사람들 대부분은 특정한 목적을 이루기 위해 공부를 한다. 예를 들어 대학 입시를 준비하는 학생들에게는 공부가 대학에 합격하기 위한 수단이다. 어떤 사람에게는 공부가 지식을 얻기 위한 도구일 수 있다. 또 누군가에게는 승진, 높은 연봉, 사회적 명성을 얻기 위한 수단일 수도 있다.

하지만 공부를 목적을 이루기 위한 수단으로만 생각하는 마음이 무의식으로 스며들면 공부는 재미없다는 감정과 편견을 생산하게 된다. 그러면 공부의 과정을 즐기지 못하고, 공부는 빨리 끝나버렸으면 하는 귀찮은 일이 되기 쉽다.

공부가 잘 되지 않는 원인이 엉뚱한 곳에 있을 때도 많다. 먼저 도파민 활용에 문제가 생겼을 수 있다. 뇌에서 도파민이 부족한 듯하면 인간은 본능적으로 어떤 방식으로든 도파민을 보충하려 한다. 도파민 결핍으로 인한 불쾌감을 견딜 수 없기 때문이다. 놀이뿐만 아니라 독서와 학습 등 건강한 방법으로 쾌감을 얻을 수도 있고, 마약이나 포르노 같은 중독물을 통해 쾌감을 얻을 수도 있다. 두 경우 모두 도파민이 발생하지만 결과는 천지 차이다.

사실 진짜 문제는 학습과 도파민이 단단하게 결합하지 못하는 데 있다. 학습에서 도파민의 역할은 지대하다. 세로토닌이 90분 정도 쾌적한 기분으로 공부할 수 있도록 돕는다면, 도파민은 학습 과정에서 잠깐잠깐 제공되는 짜릿한 쾌감, 그리고 그에 따라 상승되는 학습 의욕과 깊은 상관이 있다. 도파민 덕분에 공부의 성취감을 느낄 수 있는 것이다. 일본의 뇌과학자 모기 겐이치로는 이 과정을 알기 쉽게 도식화했다. 인간이 어떤 행동을 한다고 가정할 때 보통 다음과 같은 과정을 따른다.

■ 도파민 커넥션

시행착오 끝에 제대로 하게 된다. → 발전한다. → 칭찬받거나 성취감을
느끼는 등 대가가 주어진다. → 도파민이 분비돼 쾌감을 얻는다. → 어떤
행동과 쾌감이 연결된다. → 뇌가 이를 인지하고 기억한다. → 또다시
같은 행동이 하고 싶어진다. → 시행착오 끝에 제대로 하게 된다.

    이는 공부와 도파민이 서로 강력한 커넥션을 형성해나가는 선순
환 과정을 그려낸 도식이다. 이런 과정을 거쳐 그 일을 좋아하고 즐
기게 되는 것이다. 공부와 도파민 신경계를 연결하는 것은 시간을
두고 지속적으로 만들어나가야 하는 일이다. 어느 누구도 타고난 공
부-도파민 신경계 연결체를 가지고 있지는 않다. 당신이 서서히 만
들어가야 한다.

왜 공부를 싫어할까?

인지심리학자 대니얼 T. 윌링햄은 인간의 뇌가 애초부터 교실에 적
합하게 설계되지 않았다고 말한다. 그에 따르면 인간은 공부에 필
요한 '생각하는 힘'이 부족한 상태로 태어난다. 물론 이 말은 인간의
지적 능력이 모자라다는 뜻이 아니다.
    어린 학생들은 정형화된 지식을 강제적으로 습득하는 것을 어려

위한다. 하지만 다양한 정서와 감각을 동원해 창의적으로 탐구하는 것은 싫어하지 않는다. 교실에 앉아 선생님이 칠판에 쓴 내용을 암기하고 문제를 푸는 수업은 따분해하는 경우가 많지만, 자신이 직접 경험하며 스스로 생각하고 알아가는 능동적인 수업은 비교적 즐기는 데다 또 잘해내기까지 한다.

서구에서는 최근 PBLProject Based Learning 수업 열풍이 불고 있다. PBL 수업은 문제나 주제를 학생에게 제시한 뒤, 학생 스스로 문제를 이해하고 해결책을 찾도록 돕는 교육 방식이다. 교사는 조언자나 촉매자 역할을 담당하기 때문에 수업 중 교사의 발언은 30%를 넘지 않는다. 학생들이 수업의 전체적인 구도를 만들어가는 수업이라고 할 수 있다.

PBL 수업은 아이들의 행동 특성과 두뇌 구조를 세심하게 배려한 교육 방식이다. 따라서 아이들의 뇌가 더 유쾌하게 반응하며 고효율을 낼 수 있다. 공부호르몬이 원활하게 분비될 수 있는 교육 방식을 통해 공부-도파민 신경계, 공부-세로토닌 신경계를 튼튼하게 키우는 방법이라고 할 수 있다.

많은 사람이 공부할 때 기분이 좋지 않다고 호소한다. 이들은 몰입하기도 매우 힘들어한다. 이제 이 문제를 해결해야 할 때다. 세로토닌, 도파민, 옥시토신과 같은 공부호르몬이 기분 좋은 공부, 몰입하는 공부로 당신을 이끌어줄 것이다.

공부 거부감을 없애는
기초 워밍업

공부를 대하는 3가지 유형

공부 유형을 한번 짚어보자. 어떤 사람은 자신이 공부한 내용을 이해하는 것보다 코앞에 닥친 시험을 잘 치르는 것에 급급하다. 또 어떤 사람은 지식이 담고 있는 의미와 원리, 응용 방법을 알기 위해 노력하고 학습 내용의 논거와 결론을 따진다. 그리고 지금 배우는 것과 이제까지 익힌 지식 사이에 어떤 관련이 있는지 알아본다. 또 다른 사람은 입학, 졸업, 성적과 같은 일정한 목표를 위해 공부한다.

이 세 가지 학습 유형은 1980년대 스웨덴의 예테보리대학에서 연구한 '공부에 임하는 대표적인 자세'다. 첫 번째 사람은 '피상적 학습자Surface Learner', 두 번째 사람은 '심층적 학습자Deep Learner', 마지막 사람은 '전략적 학습자Strategic Learner'라고 부른다.

피상적 학습자에 비해 심층적 학습자나 전략적 학습자가 더 높은 성적을 얻는 것이 일반적이다. 하지만 전략적 학습자 역시 끝내 심층적 학습자를 따라잡을 수 없는데, 그들에게 중요한 건 공부 자체가 아니라 공부를 통해 얻게 될 결과이기 때문이다. 전략적 학습자는 학습 과정을 즐기지 못할 때가 많지만, 심층적 학습자는 학습 과정을 즐길 때가 많다.

지금 공부가 잘 되지 않는가? 그렇다면 공부가 즐겁다는 생각이 마음 깊은 곳에 자리 잡지 못한 것이다. 그 대신 공부는 귀찮고 힘들다는 생각이 뿌리를 깊게 내리고 있을 것이다. 공부호르몬이 원활하게 작동하려면 당신의 마음 깊숙한 곳에 자리한 '공부 거부감'부터 뿌리 뽑아야 한다.

공부하기 좋은 몸과 마음을 만드는 법

공부 거부감을 제거하기 위한 몇 가지 방법을 소개한다. 우리 뇌는 낭독과 글쓰기를 할 때 가장 활성화된다. 그러므로 가장 먼저 다음의 공부 10계명을 노트에 5번 이상 쓰면서 큰 소리로 읽어보자.

━ 공부 10계명

1 나는 이제 공부를 즐길 것이다.

2 나는 공부를 즐기는 사람으로 바뀔 수 있다.

3 공부란 세상과 인생의 여러 차원을 이해하게 하는 즐거운 실천이다.

4 공부하지 않는 인생은 어두운 길을 걸어가는 것과 같다.

5 공부는 무엇을 이루기 위한 일이 아니라 나의 지혜와 덕을 키우는 일이다.

6 열심히 일하며 시간이 날 때마다 공부하는 것보다 행복한 일은 없다.

7 공부는 나의 자아를 성숙하게 만든다.

8 나는 원래 이 세상의 많은 것들을 알고 싶어 했다.

9 나의 지성이 세상과 타인을 이롭게 할 것이다.

10 인생이란 모름지기 깨달음의 과정이다.

둘째, 새로운 일을 행하기 위해서는 이 일을 꼭 해내야겠다는 마음이 생길 만한 감성적 자극이 필요하다. 그러기 위해서는 원초적인 공부 경험을 해볼 필요가 있다. 예를 들면 쉽지만 깊은 울림을 주는 문학작품을 읽어보는 것이다. 루시 모드 몽고메리의《빨간 머리 앤》, 미하엘 엔데의《모모》, 루이스 캐럴의《이상한 나라의 앨리스》등은 책 읽기의 순수한 기쁨을 되살려줄 것이다. 중학교 수학 문제를 다시 풀어보거나《해리 포터》시리즈를 영어 원문으로 읽어보는 것도 즐거운 경험이 될 수 있다.

좀 더 원초적인 방법은 그림책을 읽어보는 것이다. 앤서니 브라운이나 모리스 샌닥, 존 버닝햄 같은 유명 작가의 그림책은 책이 가진 마력을 체감할 수 있게 한다. 조금 어려운 문학작품에 도전한다면 보다 깊은 전율감이 의욕을 고양해줄 것이다. 헤르만 헤세의 《데미안》이나 루이제 린저의 《생의 한가운데》, 샬롯 브론테의 《제인 에어》, 허먼 멜빌의 《백경》, 어니스트 헤밍웨이의 《노인과 바다》 같은 작품으로 자아의 성숙을 경험할 수도 있다.

셋째, 행동 변화와 실천이 용이하도록 환경과 시간, 물리적 조건을 구체적으로 계획하고 조율하자. 인간의 마음은 비합리적인 과정을 따를 때가 많다. 그러나 다행히도 우리 무의식에는 긍정적 변화를 이끌어내는 여러 심리적 패턴이 존재한다. 예를 들면 마음에 드는 카페에 앉아 차 한 잔을 마시며 감동과 전율을 줄 만한 책을 읽는 것이 가장 이상적일 수 있다. 서점에 들러 소중한 이에게 선물할 그림책을 사는 것도 좋다. 가능하다면 새벽에 일어나서 책을 읽고 감상문을 쓰는 것도 도움이 될 수 있다. 눈으로 직접 보며 미적 감각을 총동원하다 보면 어느새 책을 읽고 싶은 의욕이 샘솟을 것이다.

2장

공부호르몬 깨우기 1단계
: Brain, 지친 뇌에 휴식을 허하라

사람들이 공부를 못하는 진짜 이유를 아주 단순하게 요약하면, 잠을 제대로 자지 않는 데다 스마트폰에 뇌가 잠식돼 뇌의 능력이 크게 떨어져 있기 때문이다. 아무리 커피나 카페인 같은 것으로 각성시키려고 해도 평균 수준의 뇌 상태로 돌아가지 못하는 상태다. 뇌를 온당한 방법으로 정상화하지 않는다면 학습 능력은 영원히 향상되지 않을 것이다.

현대인의 뇌는
지쳐 있다

한 번에 모든 일을 잘하기는 어렵다

"어떤 사람이 자기 그림자가 두렵고 자기 발자국이 싫어 이것들을
떠나 달아나려 했다. 그런데 발을 더 자주 움직일수록 발자국은 더
많아졌고, 빨리 뛰면 뛸수록 그림자는 더 몸에서 벗어나지 않았다.
그래도 그는 그것이 자신이 더디게 뛰기 때문이라 여기고 쉬지 않
고 뛰다가 결국 힘이 빠져 죽고 말았다. 그는 그늘 속에서 쉬면 그
림자가 사라지고, 고요하게 있으면 발자국이 생기지 않는다는 사실
을 알지 못했다."

_장자, 〈어부漁夫〉

많은 현대인이 이 우화에 나오는 '어떤 사람'처럼 살아간다. 사람들은 스마트폰에서 눈을 떼지 못한다. 학교나 회사, 하굣길과 퇴근길, 집에서조차 쉬지 않고 스마트폰과 컴퓨터, TV를 쳐다본다. 하루 동안 읽고 들어야 할 정보가 너무 많기에 밤늦게까지 스마트폰을 쥐고 있어도 머릿속에 다 담지 못할 때가 많다.

사람들이 공부를 못하는 진짜 이유를 아주 단순하게 요약하면, 잠을 제대로 자지 않는 데다 스마트폰에 뇌가 잠식돼 뇌의 능력이 크게 떨어져 있기 때문이다. 아무리 커피나 카페인 같은 것으로 각성시키려고 해도 평균 수준의 뇌 상태로 돌아가지 못하는 상태다. 뇌를 온당한 방법으로 정상화하지 않는다면 학습 능력은 영원히 향상되지 않을 것이다.

현대인에게는 두 가지 작업을 동시에 진행하는 멀티태스킹Multitasking이 필요할 때가 많다. 특히 한국인의 뇌는 더더욱 그렇다. 뉴스 검색을 하는 동시에 인터넷 쇼핑을 하고, 웹 서핑을 하면서 길을 걷는다. 그렇게 혹사당한 뇌는 이제 소진 직전에 놓였다. 당신의 뇌는 잘 있는가? 혹시 뇌가 혹사당하는 것을 방관하고 있지 않은가?

학술지 '플로스 원PLOS ONE'에 따르면 멀티태스킹은 뇌를 최악의 상황으로 몰고 간다고 한다. 멀티태스킹에 능한 사람을 대상으로 자기공명영상MRI 검사를 해본 결과, 추론 및 감정과 관련된 뇌 부위의 회백질 밀도가 낮았다. 그들은 심리 문제에 취약했고 다양한 사회현

공부호르몬

상에 대한 감정적 어려움을 호소했다.

뇌에 휴식을 주는 가장 기본적인 방법은 멀티태스킹을 최대한 피하는 것이다. 여러 가지 소음이 끊임없이 들끓는 상황에 익숙해지면 뇌는 매우 산만하고 둔감하게 변한다. 멀티태스킹이 시간을 아껴준다는 생각은 착각이다. 두 가지 일을 동시에 하려다 한 가지 일도 제대로 집중하지 못하는 경우가 많다. 습관적으로 멀티태스킹을 하고 있지 않나 자신을 되돌아보고, 한 번에 한 가지 일만 하도록 노력해보자. 집중해서 한 가지 일을 마친 후 충분한 뇌 휴식을 취하는 생활 패턴에 익숙해져야 한다.

스마트폰과 뇌의 연결을 해제하라

뇌 휴식을 위해 가장 주의해야 할 것이 바로 스마트폰이다. 스마트폰을 통해 접하는 세상사는 매우 자극적이다. 자동차 전복이나 살인, 천재지변에 관한 뉴스도 사이버 세상에서는 별것 아니다. 스마트폰을 들여다볼수록 우리는 강한 자극을 별로 강하지 않게 받아들이게 된다. 이런 상황은 심신의 권태를 초래하며 일상을 의미 없게 만든다.

뇌를 스마트폰에 쉴 새 없이 연결하는 생활 습관은 뇌 건강에 치명적이다. 스마트폰에 중독되면 민들레꽃이 핀 들길이나 산들바람이 불어오는 시냇가를 앞에 두고도 별다른 감흥을 얻지 못하게 된다. 마약 중독자가 고농도의 마약을 갈망하듯 더욱 강한 자극만을 원하게 되기 때문이다. 강한 자극에 노출될수록 뇌는 서서히 망가지게 된다.

미국 워싱턴대학의 데이비드 레비 교수는 연구를 통해 컴퓨터와 스마트폰 등 전자기기에 노출된 아이들이 팝콘이 터지는 상황 등의 강한 자극에만 반응하고, 평범한 자극에는 주의를 기울이지 못한다는 사실을 밝혀냈다. 이를 팝콘브레인 증후군이라고 한다. 스마트폰 중독 증세가 있는 아이들은 불빛에 맞춰 손뼉을 치거나 발을 구르는 것 같은 주의력 테스트에서 눈에 띄게 뒤처졌다.

당신의 뇌에 휴식을 주기 위해서는 스마트폰과 멀어져야 한다. 정보 단식이나 스마트폰 휴식이 가장 이상적이다. 하지만 그것이 당장 불가능하다면 자극적인 정보를 걸러내는 마음의 필터링을 만들어 활성화할 필요가 있다.

자극적인 정보가 무의식적으로 흘러들어오지 않도록 항상 주의를 기울여라. 잔인하거나 폭력적인 장면, 불안감을 부추기는 각종 사고 뉴스 등은 당신의 뇌에 엄청난 부담을 준다. 스마트폰을 할 때는 아무거나 무심코 클릭하지 않도록 손가락 끝에 신경을 집중해보자.

너무 많은 정보는 뇌를 무력하게 만든다

정보 과잉 역시 문제다. 과도한 정보는 뇌가 이미 얻은 정보를 합리적인 사고, 안정된 기억으로 정리하는 일을 방해한다. 사람의 뇌는 정보를 컴퓨터처럼 처리할 수 없다. 뇌에서 정보를 일시적으로 보유하는 '작업 기억'이 장기 기억으로 가는 회선은 의외로 좁고 느리다. 눈으로 정보 대상을 본다고 뇌에 곧바로 입력되는 것이 아니라는 말이다.

정보량이 늘어 작업 기억에서 쓰는 에너지가 증가하면, 기억력이나 주의력은 처리 능력이 떨어진다. 뇌과학에서는 이를 '인지 부하'라고 부른다. 정보가 인지능력을 초과할 때 뇌는 무력해진다. 게다가 인지 부하 때문에 사고력과 집중력이 떨어지면, 심리적으로 불안해져서 더 많은 정보를 소비하려는 욕망에 사로잡힌다. 불안이 정보 강박을 불러오는 것이다. 또한 작업 기억에 문제가 생기면 불필요한 정보와 필요한 정보를 구분하지 못하게 된다.

사실 정보를 얼마나 많이 입력하는가는 중요하지 않다. 입력된 정보로 무엇을 창조하는가가 중요하다. 창의적인 아이디어는 오히려 느리고 신중한 사고 과정에서 만들어진다. 뛰어난 지식창조자가 되고 싶은가? 그렇다면 많은 정보를 다 얻으려고 하지 마라. 중요한 것은 '보는 것'이 아니라 '사유하는 것'이다.

뇌를 쉬게 하는 10가지 방법

뇌가 쉰다는 것은 몸의 휴식이나 마음의 휴식과는 여러 면에서 다르다. 뇌 휴식을 위해서는 뇌가 쓸데없이 일하는 상황을 의도적으로 제한하려는 노력이 요구된다. 가령 집에 있는 스크린 미디어의 전원을 모두 빼두는 것, 스마트폰의 전원을 꺼두는 것 등은 아주 간단한 뇌 휴식 비결이다. 대신 그 시간에 뇌가 쾌적함을 느낄 만한, 재충전될 만한 유희의 종류와 시간을 늘리자. 독서나 글쓰기, 명상, 낚시, 운동, 등산, 트래킹 등은 이미 잘 알려진 뇌 유희 종목이다.

다음은 지친 뇌에 휴식을 주기 위해 의도적으로 실천할 수 있는 방법이다.

― 뇌 휴식 10계명

1 가끔 멍하니 먼 산을 바라보라. 하늘, 수평선, 해안선, 숲도 좋다.

2 '마음챙김 명상'을 배운다. 마음챙김 명상은 대상을 생각과 욕구 없이 바라보기 위해 마음을 길들이는 것이다.

3 일이 아닌 즐기는 독서에 아주 천천히 도전해본다. 독서 감상문을 자유로운 형식으로 작성해본다.

4 수면 시간을 철저히 지킨다. 잠이 오든 오지 않든 7시간 이상 누워 있는다.

5 컴퓨터가 아닌 보드게임 같은 아날로그 게임을 즐긴다. 레고 조립이나

모델 키트Model Kit 만들기, 수예처럼 손을 많이 쓰는 유희도 좋다.

6 생각을 멈추는 '생각 중지' 훈련을 한다(171쪽 참조).

7 편안한 마음을 주는 음악을 골라 하루 세 번 이상 듣는다.

8 깊이 몰입할 수 있는 신체 활동을 찾아 지속적으로 실천한다.

9 가장 마음 편한 친구와 만나 중요하지 않은 주제로 대화를 나눈다.

10 반려견과 놀기, 가볍게 산책하기, 편안한 트래킹 같은 자기만의 뇌 유희·
   휴식 방법을 마련한다.

명심할 것은 애쓰지 말아야 한다는 것이다. 책을 읽더라도 몇 시
간 안에 이 책을 다 읽겠다는 의무감이나 목적의식을 갖지 않고 편
안하게 읽는 것이 중요하다.

하나만 파는 것은
위험하다

뇌도 골고루 사용해야 한다

상담실에서 만난 수학 강사 연희 씨는 멋진 외모에 뛰어난 언변을 갖춘 여성이었다. 그녀의 꿈은 몇 년 안에 스타 강사가 되는 것이었다. 그런 그녀에게 난데없이 우울증이 찾아왔다. 수업 준비조차 제대로 하지 못했고, 학생들 앞에서 쉬운 문제를 풀지 못해 식은땀을 흘리기도 했다. 상태는 더욱 악화돼 수업할 의욕은 계속 사라졌고, 일을 제대로 해내지 못한 탓에 그녀는 극심한 자괴감에 빠졌다.

수학 교육을 전공한 그녀는 과거 몇 년간 임용고시에서 낙방해 심한 우울증을 경험했다. 그런데 지금은 생활이 안정됐고 일에 대한 만족도도 높은데 왜 다시 우울증이 생긴 건지 의아해했다.

"다른 이유도 많지만, 상당 부분 뇌 편식 때문이에요."

"그게 뭐예요?"

"다른 신체 부위처럼 뇌도 골고루 사용해야 하는 부위거든요. 그런데 연희 씨는 지난 몇 년간 한쪽 뇌만 지나치게 많이 사용하는 뇌 편식이 심했어요."

인간의 뇌는 여러 부분으로 분할돼 있다. 크게는 좌뇌와 우뇌로 나뉜다. 논리적이고 체계적인 일을 주로 처리하는 좌뇌와 통합적이고 직관적인 일을 처리하는 우뇌는 그 역할과 기능에서 큰 차이가 난다.

뇌 사용의 주요 원칙 가운데 하나가 좌뇌와 우뇌의 균형적인 활용이다. 좌뇌와 우뇌를 고르게 사용하는 것은 뇌 건강을 지키는 중요한 원칙인 동시에, 효율적인 뇌를 만드는 지름길이기도 하다. 그러나 살다 보면 감성보다 이성과 지식의 비율이 늘어나게 되고, 그럴수록 좌뇌가 하는 일만 늘어난다. 삶의 여유를 느낄 겨를이 없는 대부분의 현대인은 연희 씨처럼 지나치게 좌뇌만 쓰며 살아가고 있다.

왼쪽과 오른쪽이 하는 일

물리학자 아인슈타인의 뇌는 건강한 뇌, 고효율을 발휘하는 뇌의 조건이 무엇인지 알려준다. 아인슈타인 사후에 그의 뇌는 토머스 하비라는 병리학자에게 맡겨졌다. 최근에서야 아인슈타인의 뇌 해부 사진과 표본이 공개되며 천재의 뇌에 얽힌 비밀이 하나씩 규명되고 있다.

아인슈타인의 뇌가 처음 공개됐을 당시 학자들은 당황스러움을 감추지 못했다. 아인슈타인의 뇌가 예상보다 작았기 때문이었다. 그의 뇌는 일반인 뇌의 하한선에 가까울 정도로 중량이 적었다. 대략적인 생김새 역시 일반인의 것과 차이가 없었다. 그럼에도 몇 가지 차별되는 특징이 있었다.

첫째, 대뇌피질의 주름이 일반인보다 훨씬 많았다. 전두엽과 후두엽 역시 주름이 많고 깊게 굴곡이 나 있었다. 대뇌피질은 사고력을 담당하는 뇌 영역이다. 대뇌피질의 표면적이 넓다는 것은 탁월한 사고와 창의성을 가능하게 하는 조건이다.

둘째, 뇌세포를 보호하고 영양분을 공급하는 신경교세포가 두드러지게 많았다. 아인슈타인의 뇌가 가진 비밀을 대중에게 널리 알린 미국의 신경과학자 매리언 다이아몬드 박사는 아인슈타인의 뇌는 다른 사람 뇌에 비해 신경교세포가 두드러지게 많다고 밝혔다. 그 덕분에 아인슈타인은 왕성한 두뇌 활동을 할 수 있었던 것이다. 이는 타고난 유전자 영향도 있지만 후천적인 노력과 학습, 지속적인 창의적 활동을 통해 만들어진 결과라고 한다. 다이아몬드 박사는 아인슈타인 뇌 연구를 통해 체중 조절과 운동, 새로운 일에 대한 도전, 사랑 등과 같은 뇌 유익 활동을 통해 누구나 더 강하고 효율적인 뇌를 가질 수 있다는 뇌 가소성 이론을 내놓았다.

아인슈타인 뇌의 마지막 특징은 좌뇌와 우뇌를 이어주는 뇌량이 눈에 띄게 두껍다는 점이다. 뇌량은 우리 뇌에서 서로 다른 컴퓨터를 이어주는 연결망 같은 역할을 한다. 뇌량이 두껍다는 사실은 좌뇌와 우뇌의 활동이 더 빈번하고 폭넓게 교신한다는 반증이다. 아인슈타인의 두꺼운 뇌량은 좌뇌와 우뇌가 왕성하게 상호작용해 남다른 창의성을 발휘하도록 도왔을 것이다.

현대인의 뇌량은 점점 얇아지고 있다. 좌뇌 중심의 생활과 리듬에 익숙해졌기 때문이다. 이런 생활은 연희 씨처럼 불행에 성큼 다가가는 지름길이다. 가늘어진 뇌량을 튼튼하게 강화해 좌뇌와 우뇌를 연결해야 한다. 그러기 위해서는 양쪽 뇌를 동시에 사용하는 일에 도전할 필요가 있다. 영화 감상, 문학작품 읽기, 시 쓰기, 운동 등은 뇌량을 연결하는 좋은 방법 중 하나다. 독서 모임 활동이나 춤 연습, 악기 교습 같은 것도 양쪽 뇌를 모두 쓰게 만드는 일이다. 양쪽 손을 모두 쓰는 활동도 유익하다. 도자기 공예나 붓글씨 쓰기, 종이접기 같은 활동도 양쪽 뇌를 고루 자극한다. 무엇보다 평소 잘 하지 않았던 일에 도전하고 재미를 느끼는 것이 뇌량을 튼튼하게 연결하는 가장 좋은 방법이다.

좌뇌와 우뇌의 역할은 다르다. 좌뇌가 즐기는 활동이 있는 반면 우뇌가 즐기는 활동도 있다. 아래 표를 참고해 삶의 리듬을 한번 되짚어보고 재구성하자.

■ 좌뇌와 우뇌의 활동 분류

	잘하는 일
좌뇌	● 문제를 체계적으로 해결한다. ● 순차적이고 이성적으로 사고한다. ● 분석과 추론을 통해 학습한다. ● 사실적인 것, 현실적인 것을 선호한다. ● 수학 계산을 한다. ● 이름을 기억한다. ● 언어를 구사하고 언어정보를 기억한다. ● 이성적으로 감정을 통제한다.
우뇌	● 얼굴과 형상을 기억한다. ● 감각이 뛰어나고 새로운 사실을 좋아한다. ● 감정을 표현한다. ● 재미있는 생각과 행동을 한다. ● 경험적이고 활동적인 학습에 익숙하다. ● 직관을 통해 문제를 해결한다. ● 환상적이고 상상적인 것을 선호한다. ● 말할 때 몸짓을 사용한다.

일상생활 중에도 수업 준비에 필요한 수학 문제를 풀어야 했던 연희 씨는 드라마 한 편 마음 놓고 볼 시간이 없었다. 꽤 오랜 시간 좌뇌와 우뇌를 고르게 사용하지 못한 것이다. 또 다른 결정적인 이

유도 있었다. 연희 씨는 수년간 연애를 하지 않았다. 성공하기 전에는 절대 연애하지 않겠다는 결심 때문에 더더욱 우뇌를 쓸 일이 없었다.

연희 씨에게 좌뇌와 우뇌를 골고루 사용하라는 처방을 내렸다. 그녀에게 뇌를 골고루 쓸 수 있는 다양한 방법을 알려줬다. 그중에서 연희 씨에게 가장 도움이 된 처방은 반려견을 가족으로 맞아 보살핀 일이었다. 봉사나 돌봄만큼 뇌를 통합적으로 쓰게 하는 일도 없다. 좋아하지만 시간이 부족해 하지 못했던 소설 읽기 역시 많은 도움이 되었다. 그밖에도 우리가 추천한 활동을 꾸준히 실천한 연희 씨는 몇 달이 지나지 않아 우울증 증세와 집중력 저하 모두 개선됐다.

낯선 일에 도전해야 하는 이유

좌뇌, 우뇌를 골고루 사용하는 것만으로 충분할까? 심리학자 하워드 가드너에 따르면 우리 뇌는 적어도 8개 영역 이상으로 분할돼 있다. 다시 말해 인간의 지능이란 서로 다른 8개 이상의 지능이 결합된 결과라는 것이다. 이것이 바로 다중지능 이론이다. 여덟 가지 지능은 언어지능, 논리수학지능, 음악지능, 공간지능, 신체운동지능,

대인관계지능, 자기성찰지능, 자연친화지능이다. 이견은 여전하지만 최근 뇌과학계는 지능이 다양하게 분할돼 있다는 이론을 기정사실로 받아들이는 추세다. 다중지능 이론 역시 우리 뇌의 여러 영역이 기능적 수준에서 명백히 분리돼 있다는 주장에서 도출됐다.

■ 다중지능 분류표

	언어지능	논리수학지능	음악지능	공간지능
특징	• '왜?'라고 자주 묻는다. • 말하기를 즐긴다. • 어휘력이 뛰어나다. • 두 가지 이상의 외국어를 구사한다. • 새로운 언어를 쉽게 배운다 . • 단어 게임, 말장난, 시 낭송, 말로 다른 사람 웃기는 일 등을 좋아한다. • 독서를 즐긴다. • 글쓰기를 즐긴다. • 언어의 기능을 잘 이해한다.	• 퍼즐 게임을 즐긴다. • 수를 이용한 놀이를 즐긴다. • 사물의 작동 원리에 관심이 많다. • 규칙에 따른 활동을 선호한다. • '만약 ~라면'이라는 식의 논리에 관심이 많다. • 물건을 수집하고 분류하는 것을 좋아한다. • 문제에 분석적으로 접근한다.	• 소리 패턴에 민감하다. • 자주 노래를 흥얼거린다. • 리듬에 따라 박자를 맞추거나 몸을 흔든다. • 소리를 쉽게 구별한다. • 음에 대한 감각이 좋다. • 리듬에 맞춰 움직이는 데 능하다. • 박자 변화에 따라 운동 패턴을 조절한다. • 음조와 소리 패턴을 기억한다. • 음악적 경험을 추구하고 즐긴다.	• 그림 그리기를 즐긴다. • 시각적인 세부 묘사에 뛰어나다. • 사물 분해하기를 좋아한다. • 무엇인가 세우기를 좋아한다. • 퍼즐놀이를 즐긴다. • 기계적으로 숙달돼 있다. • 이미지로 장소를 기억한다. • 지도 해석에 뛰어나다. • 낙서를 좋아한다.
잘하는 일	소설, 연설, 신화(전설), 시, 안내서, 잡지, 주장, 농담, 글자 맞추기, 각본, 계약서, 논픽션, 이야기, 신문, 연극, 논쟁, 재담 등	컴퓨터 프로그램, 수학적 증거, 흐름도, 대차 대조표, 퍼즐 풀이, 의학 진단, 발명, 계획 세우기, 논리적 명제 등	노래, 오페라, 교향곡, 연주, 작곡, 사운드 트랙 등	그림, 줄긋기, 조각, 지도, 도형, 만화, 계획, 콜라주, 모형, 건물, 미로, 엔진, 벽화, 영화, 비디오, 사진 등

	신체운동지능	대인관계지능	자기성찰지능	자연친화지능
특징	• 신체적으로 좋은 균형 감각을 갖고 있다. • 손과 눈의 협동 관계가 좋다. • 리듬 감각이 있다. • 어떤 문제를 직접 몸으로 접해보고 해결하려는 경향이 있다. • 우아한 움직임을 연출할 줄 안다. • 몸짓으로 의사를 전달하는 데 능숙하다. • 상대방의 신체 언어를 잘 읽어낸다. • 공, 바늘 따위의 도구와 물체를 다루고 조절하는 데 빨리, 쉽게 적응한다.	• 다른 사람에 대한 감정 이입이 뛰어나다. • 또래들 사이에서 인기가 높다. • 또래나 나이가 더 많은 사람이나 똑같이 잘 사귄다. • 리더십이 있다. • 다른 사람과 협동해 일하는 데 능숙하다. • 다른 사람의 감정에 민감하다. • 중개인이나 상담자 역할을 자주 한다.	• 특정한 활동에 대한 좋고 싫음이 분명하며, 그것을 잘 표현한다. • 감정 전달에 뛰어나다. • 스스로의 강점과 약점을 명확히 인식한다. • 자신의 능력을 확신한다. • 적절한 목표를 설정한다. • 야심을 가지고 일한다.	• 새, 꽃, 나무 등 동식물에 관심이 많다. • 동식물의 습성과 생리에 깊은 관심을 보인다. • 인공적인 환경보다 자연적인 환경을 선호하는 편이다. • 자연물의 관찰에 상당한 시간을 할애한다. • 곤충, 파충류 등에 대한 혐오감이 상대적으로 덜하다. • 화분 등의 관리에 남다른 열정이 있다.
잘하는 일	운동, 게임, 춤, 연극, 몸짓, 표현, 신체 훈련, 연기, 조각, 재주부리기, 보석 세공, 목재 가공 등	집단 작업, 연극, 대화, 운동, 클럽, 단체 행동, 단체 지도, 합의 결정 등	시, 일기, 예술 작업, 자기반성, 목표, 자서전, 가족사, 종교 활동 등	조개껍질이나 꽃잎 등의 수집, 자연 사진 촬영, 곤충·애완견·가축에 대한 관찰 메모, 동식물 스케치 등

했던 일만 계속하는 것은 뇌가 빠르게 쇠퇴하는 지름길이다. 전에는 해보지 않았거나 도전하기 꺼렸던 일을 시작해보자. 뇌가 가장 선호하는 생활 방식이다. 가령 새로운 외국어를 배우는 일, 새로운 모임에 참석하는 일 등은 뇌 전체가 가장 의욕적으로 활성화되는 방법 중 하나다.

뇌 편식을 막는
4가지 방법

1. 좌뇌, 우뇌의 5대 5 원칙을 지킨다

56쪽 좌뇌와 우뇌의 활동 분류를 참조하라. 둘 사이의 균형을 잘 지킬수록 뇌가 건강해진다. 당신이 바라는 직업 역량의 성장에 필요한 학습이 어느 쪽 뇌 사용을 더 요구하는지 생각해보고, 좀 더 균형 있게 분배하라. 현대적 사무는 주로 좌뇌 사용을 요구하지만, 최근 들어 우뇌의 도움 없이는 성공하기 어려운 직종이 늘어나고 있다.

2. 현재 활동하고 있는 분야와 전혀 다른 분야를 공부하라

재능과 직업의 성장을 위한 학습 비중이 높을 수밖에 없겠지만, 전혀 상관없는 지능 활동에도 도전해보길 바란다. 만약 당신이 건축가라면 건축과 관련된 전공 지식과 공간지능, 논리수학지능을 신장하고 활성화하는 공부에 열의를 가지고 있을 것이다. 물론 그것이 우선이지만 그와 상관없는 음악지능, 신체운동지능, 자연친화지능 등을 높여줄 공부와 체험에도 관심을 갖는 것이 좋다.

3. 선호하는 두뇌 활동과 상관없는 다른 두뇌 활동으로 뇌의 활성도를 높여준다

평소 독서와 글쓰기를 좋아하는 반면 신체 활동은 꺼렸다면, 가장 먼저 신체 활동이 포함된 취미 활동을 선택한다. 오른손잡이라면 가끔 왼손으로 하는 일에 도전해본다. 좋아하는 활동, 싫어하는 활동을 적어보고 싫어하는 활동 가운데 도전할 수 있는 종목을 가늠한 뒤 도전하자.

4. 다양한 분야의 책을 읽어라

소설책만 좋아했다면, 과학 관련 서적을 읽어본다. 편안한 에세이를 주로 읽었다면, 조금은 어려운 철학책을 읽어본다. 전에는 전혀 관심 없던 미술이나 음악에 관한 책도 읽어보라. 책에 제시된 미술품이나 음악 작품을 찾아서 직접 보고 들어보라. 주로 읽기만 했다면 본격적으로 글쓰기에 도전해보자. 자서전을 한 번 써보는 건 어떨까? 뇌의 전 영역을 골고루 쓸 수 있게 해주는 일이다.

도파민의
두 얼굴

그가 게임 중독에 빠진 이유

27살 취업준비생 성현 씨는 지난 해 수십 차례 입사지원서를 냈지만 모두 떨어졌다. 지방대 출신인 성현 씨는 애초부터 자신의 스펙이 부족하다는 생각에 취업에 자신이 없었다. 부모님은 아르바이트를 하느니 자격증을 따거나 취업에 도움 되는 영어 공부를 하라고 권했지만, 성현 씨는 틈만 나면 집에서 게임을 했다. 마지막으로 지원했던 회사의 서류 심사마저 통과하지 못하자 성현 씨는 의욕과 자신감을 완전히 잃었다. 그로부터 몇 달 지나지 않아 하루에 10시간 이상 게임만 하는 지경에 이르렀다. 물론 처음에는 부모님이 집에 있는 동안이라도 공부하는 척, 취업 관련 준비를 하는 척했다. 그러나 나중에는 대놓고 게임에 빠져들었다. 성현 씨는 한없이 자신을 질책하면서도 컴퓨터 앞을 벗어나지 못했고, 결국 부모님 손에 이끌려 상담실을 찾았다.

인간은 중독에 몹시 취약하다. 누구나 중독에 빠질 수 있기에 중독을 경계하는 일은 건강한 삶을 위한 첫 번째 원칙이다. 중독을 일으키는 마약, 술, 도박, 인터넷 등은 도파민 분비를 극대화한다. 중독 물질은 뇌를 자극해서 흥분, 도취 같은 극적인 쾌락 감정을 경험하게 한다. 당사자는 쾌락을 다시 경험하기 위해 동일한 중독 행동을 또다시 감행한다. 중독은 뇌 안에 이미 존재하는 보상회로를 활용하는데, 중독 물질이나 대상이 기존 보상회로를 통해 중독을 일으키는 것이다.

중독 물질만 문제가 아니다. 전에는 마약이나 알코올, 담배 같은 중독 물질에 주로 초점을 맞췄으나 최근에는 도박이나 게임, 폭식 같은 특정 행위가 만들어내는 '행위 중독Behavioral Addiction'이 좀 더 부각되고 있다. 중독 물질이 아니라 행위 중독의 관점에서 바라보면 쇼핑, 성형, TV 시청, 포르노 시청 같은 보다 광범위하고 다양한 중독 현상을 쉽게 설명할 수 있다. 게임 중독이나 스마트폰 중독, 쇼핑 중독, 성 중독 같은 것은 법적 제재를 받지 않는 테두리 안에서 행할 수 있기 때문에 그만큼 더 흔한 중독이다.

중독과 행복의 곡예사, 도파민

1장에서 도파민이 학습과 커넥션을 형성해서 공부를 즐겁게 할 수 있게 만든다고 이야기한 것을 기억할 것이다. 하지만 지나침은 모자람만 못한 것. 흔한 일은 아니지만 아무리 많이 해도 좋을 것 같은 공부도 중독을 일으킨다. 공부에 중독되는 것 역시 위험한 일이다. 균형을 잃은 공부 중독은 효과적인 성과를 내기 힘들뿐더러, 결국 공부 혐오나 공부 싫증으로 돌아서게 한다. 내가 만난 어떤 학생은 고등학교 때 주변의 열렬한 성원에 힘입어 전교 1등을 유지하며 공부에 중독됐다가 대학에 입학한 뒤 심하게 방황했고, 한동안 공부와 완전히 담을 쌓고 지내기도 했다.

중독과 명확한 경계를 이루는 것이 몰입이다. 이 책에서 권하는 것은 공부 중독이 아니라 공부 몰입이다. 몰입은 몸과 마음, 그리고 뇌가 서로 조화와 평형을 이루는 일상에서 일어난다. 일, 삶, 공부, 관계, 운동이 서로를 견인하고 상승시키는 긍정적 순환을 만드는 것이 바로 몰입이다.

중독과 몰입의 경계를 가르는 것은 금단증상Withdrawal과 내성Tolerance이라는 뇌생리적인 의존성 유무에 있다. 중독 상태에 이르면 중독 대상에 내성을 보이고 금단증상에 시달린다.

금단증상은 중독 때문에 생리적·정신적 갈망이 심해지는 것을 가리킨다. 불안, 우울, 안절부절못함, 손 떨림, 심장 두근거림과 같은 다양한 신체적·정신적 조급증을 가져오며, 우리 몸과 마음이 중독 물질이나 중독 대상을 다시 접하도록 충동질한다.

내성은 같은 양의 중독 물질이나 비슷한 강도의 중독 행위에서 전과 같은 쾌감을 느끼지 못하는 것을 의미한다. 내성이 생기면 더 강한 자극과 중독 물질을 갈망한다. 중독자들이 중독 행동을 반복할수록 도파민 수용체에도 내성이 생기면서 쾌감의 기준점이 높아진다. 결국 더 큰 자극을 갈망하기 때문에 더 강한 중독 행동, 더 많은 중독 물질을 원하게 된다.

혹시 어떤 대상이나 행위에 중독돼 있지 않은가? 다음은 자신의 중독 정도를 확인해볼 수 있는 체크리스트다. 체크리스트 '무엇'에 당신이 현재 집착하는 대상이나 행위를 넣고 체크해보자.

■ 중독 체크리스트

질문	YES	NO
1 무엇을 하느라 시간 가는 줄 모른다.	☐	☐
2 무엇이 자꾸 생각난다.	☐	☐
3 무엇을 더 오래 해야 만족할 수 있다.	☐	☐
4 무엇을 하는 시간이 점점 더 짧게 느껴진다.	☐	☐
5 무엇을 하는 시간이 갈수록 늘어난다.	☐	☐

6 조절해보려고 했지만 무엇을 하는 것을 조절할 수 없다.	☐	☐
7 그만해야지 하면서도 계속 무엇을 하게 된다.	☐	☐
8 무엇을 하지 못하면 짜증과 화가 난다.	☐	☐
9 무엇을 하는 것 때문에 일상에 지장이 생긴다.	☐	☐
10 무엇을 하고 싶은 마음 때문에 힘들다.	☐	☐

3개 이상 'YES'라고 답했다면 그 대상에 각별한 주의를 기울이고 꾸준히 자제력 훈련을 실시해야 한다. 5개 이상이라면 이미 의존이 심한 편이며 중독에서 벗어나기 쉽지 않은 상태다. 전문가의 도움 등 자구책을 강구해야 한다. 7개 이상이라면 이미 중독 상태이며 중독에서 벗어나기 위해 최선의 노력을 기울여야 한다. 전문가의 도움을 받는 것이 최우선이고 여러 조력자에게 효과적인 도움을 받아야만 한다.

중독을 몰입으로 바꾸는 10가지 방법

아직 집착하는 대상이나 행위에 대한 자제력을 어느 정도 가지고 있다면, 지속적인 훈련을 통해 통제력과 자유도를 높여나가야 할 것이다. 스스로 도전해볼 수 있는 자제력 훈련은 다음과 같다.

━ 중독을 막는 10가지 자제력 훈련

1 집착하는 행동을 하지 않는 시간을 상세하게 기록하라.

2 집착하는 행동을 하루에 얼마나 했는지 일기장에 꼼꼼히 기록하라.

3 중독이 주는 쾌락을 대신할 기쁨을 늘리자. 독서, 음악 듣기, 맛있는 음식
   먹기, 글쓰기, 친구 만나기 등을 통해서 중독 대상의 이용 시간을 줄여나
   가야 한다.

4 갈망이나 강한 욕구가 생겼을 때 그것을 참는 훈련을 한다. 실패하거나
   오래 버티지 못하더라도 반복해서 도전한다.

5 명상이나 요가에 도전하라.

6 숲길 걷기, 요리하기 같은 건전한 일상을 통해 통제력을 발휘하는 경험
   을 더 많이 갖는다. 마음이 평온할 때 하루 혹은 한 주 일정을 짜보는 것
   은 무척 유용하다.

7 가까운 이에게 중독 사실을 알리고 도움을 받는다. 조력자와 함께 영화
   를 보거나 담소를 나누는 등의 활동이 갈망을 줄여줄 것이다.

8 자신의 갈망에 대해 관조적인 태도로 글을 써보라. 글쓰기는 가장 뛰어
   난 중독 치료 방법 가운데 하나다.

9 공공 기관에서 발행하는 각종 중독 설명서를 다운받아서 읽어보라.

10 해당 중독에 관한 믿을 만한 책을 활용한다. 가령 음식이나 다이어트 중
   독 때문에 힘들다면 심리학자 수잔 앨버스의 《감정 식사》 같은 책이 도움
   을 줄 것이다.

중독이나 중독에 가까운 의존 상태라면 공부는 물론이고, 건강한 다른 일상 역시 제대로 해내기 힘들다. 우리의 뇌 속에 흐르고 있는 도파민은 두 얼굴을 하고 있다. 도파민은 독서 중 새로운 사실을 알았을 때 희열을 느끼게 해주는 호르몬인 동시에, 중독의 불씨를 당기는 휘발유 역할을 하기도 한다. 효과적으로 공부하려면 도파민을 잘 다스려야 한다. 그것이 즐겁게 공부하기 위한 첫 번째 조건이다.

몰입호르몬, 세로토닌을 늘리자!

몰입의 즐거움

열 살 아이가 동화책에 푹 빠져 있다고 가정해보자. 아이는 시간이 흐르는 것조차 잊고 동화책 세상에서 주인공들과 모든 것을 함께한다. 이때 아이는 동화책, 뇌, 마음, 시간과 공간, 이야기와 상상이 유기적으로 일체화되는 최적 경험을 하는 것이다. 이것을 '몰입Flow'이라고 한다.

독서나 글쓰기, 일이나 취미에서 몰입을 자주 느끼는 것은 매우 중요하다. 몰입에 대한 연구로 명성을 얻은 미국의 심리학자 미하이 칙센트미하이는 목적을 가진 일이 아닌, 일 자체에 깊은 심적·

신체적 집중을 하는 정신 상태가 몰입이라고 설명한다. 다시 말해 몰입이란 특별한 의식이나 의도 없이 저절로 어떤 일에 빠져드는 것이다.

몰입은 행복의 중요 조건이기도 하다. 삶에서 몰입이 사라질 때 행복도 사라지기 때문이다. 미하이 칙센트미하이는 한 실험을 통해 이 사실을 증명했다. 그는 피실험자들에게 목표일 아침에 일어난 뒤 저녁 아홉 시까지 평소처럼 행동하되, "놀이나 비도구적인 일은 하지 않는다"는 조건을 걸고 행동을 관찰했다. 꼭 해야 할 일만 빼고 나머지는 금지한 것이다. 놀이처럼 별다른 목적 없이 즐기는 일은 사람을 몰입의 세계로 이끈다. 즉 이 실험은 몰입을 일상에서 소거하려는 시도였다.

피실험자들에게는 공통적인 증상이 나타났다. 우울증이나 불안 장애, 심각한 스트레스에 가까운 부정 심리였다. 몰입이 사라지자 정신이 차츰 황폐해지기 시작한 것이다.

실제로 우울증 환자들을 상담해보면 일상에서 즐겁게 몰입할 만한 것이 거의 없다고 대답한다. 우울한 심리가 몰입을 방해하고 몰입 없는 삶이 우울증을 초래하는 것이다. 그로 인해 뇌 기능은 더욱 감퇴한다. 독서, 취미, 여가, 놀이, 여행이 필요한 이유는 이것들이 몰입을 가져오기 때문이다.

몰입은 사람들이 흔히 몰입이라고 착각하는 중독이나 의존과 완전히 다르다. 중독과 의존은 대개 금단증상과 내성을 일으킨다. 하지만 몰입은 오히려 몰입 대상을 유능하게 통제할 수 있다는 자신감을 준다. 중독에 빠지면 지배당하지만 몰입에 빠지면 반대로 지배할 수 있는 것이다.

미래학자 다니엘 핑크는 특정 분야에서 탁월한 능력을 보이는 '아웃라이어'들에게 공통점이 있다고 말한다. 아웃라이어들은 숙련과 몰입, 고통의 강을 건너 우월한 지위에 오른다는 점이다. 어떤 일에 숙련되기 위해서는 반복적인 수행이 필요하다. 그 반복적인 실천에는 항상 정신적·육체적 고통이 뒤따른다. 그들은 몰입과 성취감을 느끼며 그 고통을 견딘다. 몰입이 주는 기쁨과 쾌적함이 일에 대한 애착과 집중력을 보호하는 것이다.

몰입은 어떤 일에 보람을 갖고 계속할 수 있는 심리적 원천을 제공한다. 설령 그 대상이 화장실 청소처럼 보잘것없는 일이라도 말이다. 몰입은 기쁨, 자부심, 만족감, 성취감, 집중력 같은 긍정적 정서를 제공하면서 일에 대한 의욕을 진작시킨다. 그런 면에서 몰입은 우리가 경험할 수 있는 최고의 감정 가운데 하나라고 말할 수 있다.

현재 당신의 삶에 몰입이 부족한가? 그렇다면 반드시 변화가 필요하다. 다시 한 번 자기 삶에 대해 고민해보고 변화를 위해 용기를 내보자. 자신의 일에서 몰입 포인트를 찾아보려는 노력이 필요하다.

세로토닌 체질 만들기

도파민이나 노르아드레날린 역시 몰입 상태와 상당히 관계가 깊지만, 몰입을 관장하는 가장 중요한 공부호르몬은 세로토닌이다. 어떤 일에 깊이 몰입하고 있을 때 우리 뇌나 몸에서는 세로토닌이 분비되는 까닭이다. 그러므로 몰입의 화학적 표현이 바로 세로토닌이라고 할 수 있다. 세로토닌의 도움이 없다면 우리는 몰입을 경험할 수 없을 것이다.

강한 쾌감을 일시에 느끼게 하는 도파민과 달리 세로토닌은 수천, 수만 개의 신경세포에 은은하게 전달되면서 안온하고 쾌적한, 그러면서도 의욕이 넘치는 기분을 선사한다. 세로토닌 신경망은 도파민 신경망에 비해 뇌 전체에 비교적 넓게 분포한다. 따라서 도파민처럼 일시적인 짜릿한 기분을 제공하는 것이 아니라 행위와 사태 전반에 긍정감을 갖도록 만든다. 세로토닌이 만들어내는 집중은 평균적으로 90분 정도이며 1시간에서 2시간 사이에 우리는 최적의 몰입 활동을 수행할 수 있다.

그렇다면 세로토닌 분비를 어떻게 더 활성화할 수 있을까? 그것을 알기 위해서는 세로토닌이 만들어지는 과정에 대한 기본적인 이해가 필요하다. 세로토닌을 만들기 위해서는 트립토판Tryptophan이라는 재료가 필요하다. 트립토판은 단백질을 구성하는 기본 아미노산 스무 가지 가운데 하나인데, 반드시 음식을 통해서만 흡수할 수 있는 필수아미노산이다. 필수아미노산이란 인간이 생존하기 위해 꼭 필요한 아미노산이라는 뜻이다.

트립토판이 많이 든 음식은 우리가 평소 즐겨 먹는 콩, 고기, 생선, 계란, 유제품, 견과류 등이다. 따라서 평소 균형 잡힌 식사를 하면 트립토판을 얻는 것이 어렵지 않다.

중요한 것은 트립토판이 세로토닌으로 바뀌는 데 필요한 조건이다. 우선 햇빛이 필요하다. 트립토판이 세로토닌으로 바뀌기 위해서는 비타민 D가 꼭 필요한데, 비타민 D는 햇빛을 통해 몸속에서 자연스럽게 합성된다. 평소 햇빛 보는 것을 꺼리는 사람은 세로토닌이 체내에서 만들어지기 힘들다.

숙면 역시 중요하다. 세로토닌과 수면호르몬 멜라토닌은 밀접한 상관관계가 있다. 낮에는 세로토닌 상태로 존재하다가 밤이 되면 멜라토닌으로 변하기 때문이다. 멜라토닌 분비가 활발해야 숙면을 취할 수 있고, 숙면을 취하는 습관을 유지해야만 멜라토닌 분비와 세로토닌 합성이 안정화될 수 있다.

그 밖에도 독서나 글쓰기, 명상과 같은 차분하고 정적인 활동 역시 세로토닌 형성을 돕는다. 종합하면 균형 잡힌 식사, 숙면, 정적인 취미 활동이 지속적으로 세로토닌 분비를 유지하는 방법이다. 여기에 추가로 자주 몰입을 경험할 때 뇌에서 세로토닌 분비가 활성화된다.

당신은 책에 푹 빠져 있는가?

독서와 글쓰기 훈련은 세로토닌 체질을 만드는 가장 중요한 도구다. 독서 애호감과 독서 긍정감은 스스로를 다독이며 긴 독서를 이어갈 수 있게 하는 자발적 동기다. 결국 즐거운 공부가 세로토닌 분비가 활발한 뇌를 만들고, 왕성한 세로토닌 분비가 즐겁고 유익한 공부를 이끌어주는 것이다. 지금 몰입을 경험하는 독서를 하고 있는가? 다음 사항을 체크해보자.

■ 독서 몰입 체크리스트

문항	YES	NO
1 책을 읽으면 인생이 성장할 것이라는 믿음을 갖고 있다. 책과 성장형 사고가 긴밀하게 이어져 있다.	☐	☐
2 독서가 좋다, 독서는 훌륭한 취미라는 생각을 갖고 있다.	☐	☐
3 자신에게 어렵지도 쉽지도 않은 적당한 난이도의 책을 고른다. 때로는 무척 어려운 책에도 도전한다.	☐	☐
4 가장 읽기 편한 자세로 책을 읽는다.	☐	☐
5 책을 펴고 30분~1시간 이내에 책에 집중하기 시작한다.	☐	☐
6 글자와 뇌가 서로 상호작용하며 다양한 상상과 느낌이 머릿속에 파노라마처럼 하나씩 펼쳐진다.	☐	☐
7 책을 읽을 때면 격정적 감정에 사로잡히기도 하고 평온한 대지를 걷는 듯한 황홀감을 느끼기도 한다.	☐	☐
8 책 중반부터 몰입감에 빠져든다.	☐	☐

위의 몰입 과정이 자신의 독서에 그대로 적용되고 있는지 점검해 보자. 당신은 지금 독서 몰입이 잘 이뤄지는가? 만약 독서에 몰입하기 쉽지 않다고 하더라도 실망할 필요는 없다. 뇌는 얼마든지 바뀔 수 있다. 책 읽기를 싫어하고 책에 별다른 흥미를 느끼지 못했던 사람이라도 집중적인 독서 몰입 훈련을 통해 책에 깊이 몰입할 수 있는 사람으로 변할 수 있다.

공부한 것을
오래 남기는 법

뇌가 좋아하는 공부법

타고난 지능이나 성격 때문에 자신은 공부에 적합하지 않다고 생각하는 사람이 있다. 하지만 그것은 틀린 생각이다. 인간의 뇌는 끊임없이 변한다. 비록 지금은 다른 사람에 비해 공부가 뒤처진다고 해도, 좋은 공부 습관을 통해 꾸준히 자신의 뇌를 변화시키면 공부를 잘하는 사람으로 바뀔 수 있다.

공부호르몬의 활성을 원한다면 반드시 뇌가 좋아하는 학습 방식을 따라야 한다. 뇌 기반 학습, 뇌과학에 입각한 공부법이 이론적으로 공고해진 것은 최근에 이르러서다. 교육선진국을 중심으로 확산

된 것 역시 최근이므로 일반인들에게는 여전히 생소한 분야일 것이다. 뇌가 지닌 특성을 알면 공부를 더 쉽게 효과적으로 할 수 있다. 데이비드 A. 수자 교수가 《공부하는 우리 아이들 머릿속의 비밀》에서 제안하는 뇌 기반 학습법의 핵심은 다음과 같다.

1 필기를 잘하자. K-W-L(아는 것What I Know, 알고 싶은 것What I Want to Know, 배운 것What I Learned을 구분해 메모할 것) 전략, 배운 내용 요약, 코넬식 노트 정리법 등 선호하는 필기 방법을 한 가지 택해 필기의 달인이 되자.

2 이미 가지고 있던 지식을 활용하자.

3 공책이나 쪽지, 컴퓨터에 정보를 체계적으로 정리하자.

4 공부 시간을 미리 계획하자. 방 책상이든 학교 도서관이든 원하는 곳에서 매일 한두 시간씩 공부한 뒤 10분간 휴식을 취하는 습관을 들이자. 계획은 반드시 실천하자.

5 공부한 뒤에는 요약하고 정리하자.

6 공부한 내용과 과정을 점검하자. 무엇을 더 보완해야 할지, 무엇이 이해되지 않는지 따져보자.

7 과제 기록장을 활용하자. 규모가 큰 과제는 항목별로 작게 나누고, 각 항목을 마칠 때마다 체크하자.

8 공부의 방해 요소를 제거하자. TV를 끄고, 스마트폰을 보지 말고, 수신

연락은 공부 시간이 지난 후 확인하자.

9 긍정적으로 생각하자. '생각을 바꾸면 인생이 바뀐다'는 말도 있다.

10 공부가 잘될 때는 좀 더 힘든 과제를 수행하자.

언뜻 보면 뇌와 관련이 없을 것 같은 일상적인 내용이지만, 위의 학습법은 뇌과학을 통해 그 효과가 여실히 검증된 핵심 원리만 간추린 것이다. '암기될 때까지 끝까지 참고서를 놓지 말아야 한다'와 같이 지금까지 우리가 흔히 해왔던 잘못된 공부법은 절대 추천하지 않는다.

위 지침은 장기적으로 효과를 발휘하고 시간을 아끼며 효율적으로 공부하게 해줄 방법이다. 과학적인 뇌 기반 학습을 따를 때 공부 호르몬을 좀 더 효과적으로 활성화할 수 있다.

반복 학습이 필요한 이유

왜 뇌가 원하는 대로 공부해야 할까? 누구도 처음 배운 지식을 모두 기억할 수 없다. 그렇기에 복습은 공부의 핵심 중에서도 핵심이다. 공부를 잘하는 사람과 그렇지 못한 사람의 가장 큰 차이는 반복 학습의 유무다. 반복 학습도 종류가 다양하다. 같은 학습 내용을 다시 한 번 공부하는 '내용 반복 학습', 틀린 문제를 한 번 더 풀어보는 '틀린 문제 반복 학습', 그리고 시차를 두고 또 공부하는 '시간적 반복 학습' 등이다.

반복 학습이 중요한 이유는 우리 뇌의 타고난 한계 때문이다. 한 번만 배워서는 공부한 내용을 온전히 이해할 수도, 기억할 수도 없다. 인간의 작업 기억 용량이 생각보다 적고 그 능력도 부실하기 때문이다. 하나의 주제, 하나의 수학 공식, 하나의 사건을 배우더라도 두 번, 세 번 그 내용을 반복해 익힐 때 비로소 자기 것이 된다.

그렇다고 무턱대고 복습만 많이 하는 것이 능사는 아니다. 무리한 복습은 시간을 허비하고 공부에 대한 열의와 의욕을 소진시키기 때문이다. 효과적으로 복습해야 성취감을 느끼고 효과도 체감할 수 있다. 자신의 뇌와 마음이 그 효과를 납득할 수 있어야 한다.

독일의 심리학자 헤르만 에빙하우스는 아무리 집중해 공부해도 며칠 만에 3분의 2 이상을 잊어버린다는 이론을 세웠다. 강의를 들을 당시는 지금 듣는 내용을 영영 까먹지 않을 것 같은 생각이 들지만, 하루도 지나지 않아 들은 내용의 70~80%를 잊어버리고 마는 것이다.

에빙하우스의 이론을 역으로 이용하면 다음과 같은 대단히 기초적인 뇌 기반 학습법이 도출된다. 기억이 사라지기 전 적기에 복습해 학습 내용을 자기 것으로 만드는 방법이다.

■ 에빙하우스의 망각 곡선

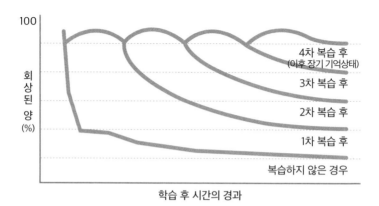

학습 후 시간의 경과

_출처: EBS 다큐멘터리 〈학교란 무엇인가〉

반복 학습이 꼭 필요한 까닭은 잊어버릴 수밖에 없는 학습 내용을 거듭 떠올려 장기 기억으로 옮기기 위해서다. 기억이 완전히 지워지기 전에 복습하면 기억 저편으로 사라지던 내용을 되살려 장기 기억으로 저장되는 비율을 높일 수 있다. 이때 도파민 같은 공부호르몬이 중요한 역할을 한다.

공부하려는 마음과 하기 싫은 마음 사이에서 갈등해본 사람이라면 규칙적으로 복습하는 것이 얼마나 힘든지 잘 알 것이다. 그러므로 반복의 필요성과 효과를 스스로 깨닫고 공부 자체를 긍정적으로 생각하는 마음가짐을 기르는 것이 가장 중요하다. 규칙적으로 복습한 뒤 시험을 쳐보면 복습의 강력한 효과를 체감하게 될 것이다.

80   공부호르몬

태도와 공부호르몬의 상관관계

더 중요하고 근본적인 방법은 학습 동기와 학습에 대한 바른 가치관을 만드는 것이다. 학습 자체를 올바른 삶의 일부로 받아들이는 태도를 갖기 위해 평소 꾸준히 독서하고 타인과의 긍정적인 대화를 통해 건강한 학습 자아를 형성해야 한다.

요컨대 배운 내용을 적어도 다섯 차례 이상 개념 정리, 기본 문제 풀이, 심화 문제 풀이, 오답 노트 정리 등과 같은 과학적 공부법을 유기적으로 결합해 복습할 수 있어야 한다. 그러기 위해서는 마음속에 공부에 대한 긍정적 가치와 열정, 책임감, 동기부터 형성돼야 한다.

이게 끝이 아니다. 반복 학습 후에는 반드시 냉정한 자기평가가 뒤따라야 한다. 자신이 효과적으로 반복 학습을 하고 있는지 체크하려면 '자체 시험'을 치러야 한다. '내가 제대로 암기하고 있는가?' '과연 정확히 이해하고 있는가?' 하고 반복해서 확인해보는 것이다. 교재나 필기 노트, 슬라이드 자료에 밑줄을 긋고 강조 표시를 하는 것보다 스스로 학습 내용을 정리한 후 자체 시험을 보는 것이 더 효과적이다.

반복적인 독서 역시 반복 학습을 튼튼하게 만드는 도구가 될 수 있다. 한 번 본 책은 다시 읽지 않는 사람이 있고, 본 책을 읽고 또 읽는 사람이 있다. 반복 학습 습관을 위해서는 리리딩Rereading, 반복해서 다시 읽기 습관을 갖는 것이 더 유리하다.

많은 사람이 읽었던 책을 다시 읽는 것은 시간 낭비라고 생각할 것이다. 영재와 보통 사람의 차이가 여기에 있다. 영재들은 좋아하는 책을 중독이다 싶을 정도로 반복해서 읽는다. 완전한 자기 지식, 자기 이해에 도달하려는 욕망 때문이다. 반면 보통 사람은 한 번 읽은 책은 다시 읽으려고 하지 않는다.

슬로 리딩Slow Reading과 리리딩은 읽은 내용을 깊게 이해하고 통찰력과 상상력을 늘리는, 무척 바람직한 독서 방법이다. 인간의 창의성은 느린 생각Slow Thinking을 통해 비약적으로 활성화된다. 정보를 자기 것으로 만드는 과정이 필요하기 때문이다. 슬로 리딩은 이 창의성을 늘리는 사고 작용에 가장 적합한 독서라고 할 수 있다.

최신 독서 연구에 의해 무조건 정보를 집어삼키는 양적 독서보다는 천천히 책의 내용을 음미하는 슬로 리딩이 효과적인 책 읽기임이 증명되고 있다. 많은 독서가 높은 지성을 줄 것이라는 생각은 착각이다. 중요한 것은 다독이 아니라 정교한 독서다.

억지로 반복해서 읽는 건 소용없다. 진심으로 읽고 싶을 때 다시 읽는 것이 바람직하다. 그러기 위해서는 무엇보다 호기심 본능을 일으켜 세울 필요가 있다. '저건 도대체 무슨 원리일까?' 더 나아가 '저 원리를 내 지식으로 만들고 싶다'는 마음의 토대를 일궈야 한다. 호기심, 학구열, 알고자 하는 충동이 합쳐질 때 공부호르몬도 열렬하게 깨어날 수 있다.

뇌가 반기는
반복 학습 습관

1 반복 학습이 벼락치기나 속독, 대충 훑어보기 학습보다 훨씬 더
   효과적이라는 사실을 마음속에 되새긴다. 읽었던 책을 반복해서
   읽는다. 반복 주기는 일주일, 한 달, 일 년 등 자유롭게 설정하자.
   문학작품은 1~2년 주기로 반복해서 다시 읽는 것도 추천한다.

2 마치 영어 단어를 암기하듯 과거에 익힌 지식을 다시 떠올려 머
   릿속에 재각인하는 습관을 가져보라. 물론 강박적으로 반복해서
   는 안 된다. 자연스럽게 어떤 주제가 떠오를 때 예전에 공부했던
   내용을 다시 한 번 머릿속에 그려보면 된다. 자신이 잘 기억하고
   있는지, 제대로 이해했는지 점검하자.

3 관련 도서를 꾸준히 읽는 것도 도움이 된다. 관련 서적을 연속해
   서 읽을 때도 전에 배웠던 내용을 정리하며 읽으면, 더 깊고 폭넓
   은 이해에 도달할 수 있다.

4 가끔 아주 쉬운 주제에 대해 스스로 에세이나 소논문을 써보는 것도 도움이 된다. 글쓰기보다 더 좋은 복습은 없다.

5 지식의 완성은 토론에서 이뤄진다. 마음이 통하는 사람 몇 명과 독서 모임을 만들어보자. 주제나 작가를 정해 주기적인 독서 모임, 토론 시간을 가져라. 타인의 생각을 공유하는 것은 자신의 생각과 지식을 점검하는 가장 이상적인 방법 가운데 하나다.

6 읽은 내용을 블로그 등에 적어본다. 블로그에 읽은 책의 내용을 정리하는 것은 여러 가지 의미를 갖는다. 지식의 공유나 나눔과도 관련이 있다. 이를 통해 보다 신중한 지식 습득이 가능하다. 또 글쓰기에 대한 열의와 실천의 의미도 있다. 단 읽은 책의 수를 무작정 늘려나가는 식은 경계해야 한다. 그보다는 다시 읽기나 깊이 읽기의 자세를 실천하는 편이 이상적이다.

뇌를 망치거나,
살리거나

뇌는 아프다고 말하지 않는다

뇌는 통증을 느낄 수 없다. 통증에 대한 감각수용기가 없기 때문이다. 밤을 새거나 스트레스를 받고, 하루 종일 공부나 일에 시달려도 좀처럼 아프다고 내색하지 않는다는 말이다. 그래서 사람들은 뇌를 무던하다고 여기는 경우가 많다.

하지만 사람들이 잘 모르고 있는 사실이 있다. 인간은 경미한 뇌 손상이 있어도 심각하지 않은 경우 일상생활을 별문제 없이 해내갈 수 있다는 점이다. 미국 텍사스대학의 샌드라 본드 채프먼 교수는 뇌를 앞뒤로 심하게 흔드는 동작만으로도 쉽게 뇌신경섬유가 찢어

질 수 있으며, 이는 뇌 기능을 떨어뜨리는 주된 원인이 된다고 말한다. 노래에 맞춰 몸을 심하게 흔들거나 머리를 빠르게 뒤흔드는 것도 뇌에 상당한 충격을 가할 수 있는 행동이다.

뇌는 한번 손상되면 다시 회복하는 데 많은 고통과 비용이 필요하다. 따라서 뇌에 가해지는 물리적 충격은 일상에서 가장 주의해야 할 일이다. 작은 충격이라도 뇌신경 손상을 가져올 수 있으므로 머리를 박거나 때리거나 흔드는 습관이 있다면 반드시 고쳐야 한다. 또한 야외 활동 시 안전모나 헬멧을 착용하는 습관을 들이도록 하자.

뇌는 아주 작은 변화에도 매우 민감하고 신속하게 반응하는 신체 기관이다. 앞서 말한 외부의 물리적 충격만 문제가 되는 것은 아니다. 뇌에 부담을 가하는 행위나 요인이 하나씩 늘면 뇌의 능력 역시 쇠퇴하거나 기능이 떨어진다.

많은 사람이 아직 최적의 뇌를 경험하지 못하고 있다. 그래서 지금 자신의 뇌 상태가 비교적 괜찮다고 생각할지도 모른다. 하지만 뇌의 불편이나 퇴보를 두통이나 심한 무기력, 어지러움 같은 가시적인 증상에서 찾아서는 안 된다. 그런 신체 증상이 나타난다면 이미 심각한 상태에 이르렀다는 증거다. 뇌의 불편이나 퇴보는 당신의 뇌가 다다를 수 있는 최적 지점에서 거꾸로 추산해보는 것이 바람직하다.

공부호르몬

최적의 뇌 만들기

당신의 뇌는 지금 어느 지점에 머무르고 있는가? 타고난 뇌를 최적 상태에 가깝게 유지하고 있는가? 아니면 평균치도 유지하지 못하며 근근이 하루하루를 버티고 있는가? 앞서 뇌에 부담을 가하는 행위가 하나씩 증가할 때마다 뇌의 역량이 점차 감퇴한다고 말했다. 어떤 행동이 뇌의 역량을 떨어뜨리는지, 몇 가지 주요 위해 인자를 살펴보자.

━ 뇌의 역량을 떨어뜨리는 요소

- 7시간 이하의 질 낮은 수면 혹은 숙면 부족.

- 하루 1시간 이상 규칙적으로 운동하지 않는 것.

- 건강하지 않은 식사(오메가3 지방산 부족, 비타민·미네랄 부족, 야채 섭취 부족).

- 과한 음주(주 3회, 소주 반 병 이상).

- 흡연.

- 커피를 포함한 각종 카페인 음료 과잉 섭취(하루 커피 3잔 이상).

- 과도한 당분 섭취(하루 과자 1봉지 이상).

- 하루 1시간 이상 책을 읽지 않는 것.

- 하루 20분이상 글쓰기를 하지 않는 것.

- 지속적인 스트레스, 지나친 걱정, 깊은 우울감이나 불안.

- 불편한 인간관계.

- 애정 결핍의 일상.

- 휴식 부족(하루 3시간 이상의 편안한 휴식 부재).

- 친한 사람과 대화 부족.

- 일을 제외한 과도한 스마트 기기 사용(TV, 스마트폰, 컴퓨터 하루 3시간 이상
  사용).

앞서 제시한 목록들을 하나씩 점검하며 평균점에 도달하기 위해 노력해보자. 다음 몇 가지만 잘 지켜도 뇌는 평균점에 비교적 빨리 가까워질 수 있다.

1 금주, 금연, 절식(표준 칼로리 이하로 섭취하기).
2 하루 1시간 즐거운 마음으로 자율 독서.
3 하루 30분 편안한 마음으로 글쓰기.
4 하루 7시간 이상 숙면.
5 하루 3번 명상.

이러한 노력으로 평균치 능력을 발휘하는 뇌를 만들 수 있다. 최적 상태의 뇌는 평균치의 뇌 상태에서 다양한 플러스 요인을 통해 뇌 잠재력을 극대화한 상태다. 거의 완벽에 가까운 영양, 충분한 수

면, 스트레스 제로 상태, 하루 3시간 이상의 신체 활동, 2시간 이상의 운동, 하루 5시간 이상의 독서와 글쓰기 등으로 최적의 뇌 상태를 만들 수 있다.

공부호르몬이 충만한 상태를 만들고자 한다면, 뇌에 가해지는 다양한 자극에 좀 더 관심을 가져야 한다. 그리고 뇌 역량을 높여줄 수 있는 다양한 활동을 하나씩 하나씩 자신의 것으로 만들어나가야 할 것이다.

명상이 뇌 능력을
향상시킨다

2가지 주의력 유형

인간의 뇌에는 두 종류의 주의력 체계가 존재한다. 하나는 반응성 주의력Stimulus-driven Attention으로, 후천적으로 계발하지 않아도 이미 뇌에 탑재돼 있는 주의력이다. 반응성 주의력은 매 순간 벌어지는 상황의 변화나 움직임에 즉각적으로 반응하는 주의력이다. 예를 들면 바퀴벌레의 움직임이나 스마트폰 게임에서 적의 움직임을 따라가는 주의력이라고 생각하면 된다. 이는 만들어지는 것이 아니라 타고나는 능력이다.

다른 하나는 초점성 주의력Goal-directed Attention이다. 목표지향적 주의력이라고도 불린다. 반응성 주의력은 전두엽을 거치지 않고 유지되는 반면, 초점성 주의력은 전두엽의 특정 부위가 뇌의 다른 영역들을 통제해 유지된다. 전두엽에서 주의가 필요한 대상에 집중할 수 있도록 뇌의 각 영역을 제어하는 것이다. 지루하게 느껴질 수 있는 숙제나 시험공부에 집중할 수 있는 것은 후천적으로 키워낸 초점성 주의력 덕분이다.

반응성 주의력은 대개 타고나는 반면, 초점성 주의력은 주의력을 요하는 여러 가지 활동을 통해 서서히 키워나갈 수 있다. 우리가 평소 쓰는 주의력이나 집중력이라는 단어는 바로 초점성 주의력을 가리킨다.

주의력은 자제력과도 일맥상통한다. 주의력이란 특정 대상이나 상황에서 인내심을 갖고 주어진 일이나 활동을 실천하는 능력이기 때문이다.

현대인은 주의력을 균형적으로 높이기 어렵다. 매일 접하는 동영상이나 스마트폰 정보는 초점성 주의력을 발달시키기 어렵게 만드는 반면, 이미 충분한 반응성 주의력을 강화하기에 적합하다. 초점성 주의력과 반응성 주의력의 균형이 깨지거나, 초점성 주의력이 제대로 발달하지 못할 경우엔 주의 산만한 뇌와 심리 때문에 여러 가지 어려움을 겪을 수 있다.

명상을 준비하는 자세

'마시멜로 테스트'로 유명한 월터 미셸 교수는 명상이 자제력과 주의력을 동시에 높여줄 수 있는 가장 효율적인 방법이라고 말한다. 통용되는 많은 명상 종류 가운데, 과학적인 검증과 체계화를 통해 가장 완성된 형태가 마음챙김 명상Mindfulness Meditation이라는 데는 이론의 여지가 없다.

마음챙김 명상은 집착을 내려놓은 채 자신의 판단을 중지하고 텅 빈 충만을 경험하게 하는 명상 수행이다. 마음챙김 명상에서는 호흡이 중요한데, 보다 진전된 호흡법을 연습하기에 앞서 간단한 복식호흡부터 배워보자. 과정은 다음과 같다.

1 눈을 감고 긴장을 푼다. 전신의 힘을 빼고 입은 약간 벌리며 어깨는 자연스럽게 둔다.
2 한 손을 배 위에, 다른 한 손을 가슴 위에 둔다. 배가 부풀고 가라앉는 데 정신을 모은다.
3 코를 통해 부드럽게 호흡을 시작한다.
4 애써 크게 숨을 쉬려고 하지 말고 평소대로 숨을 쉬되, 시간은 일정하게 유지한다.
5 처음에는 들이쉴 때 배를 내밀고, 내쉴 때 배를 살짝 안쪽으로 밀어 넣는

습관을 들인다.

6 총 20회 정도 숫자를 세가며 해본다.

7 이 방법대로 매일 2~3회 연습한다.

지금 제시한 호흡법과 더불어 심리 치료에서 자주 활용하는 이완 요법을 병행하면 좀 더 명상에 익숙해질 수 있다. 이완 요법은 근육의 긴장을 풀어줌으로써 정신적 긴장까지 풀어지도록 하는 훈련으로, 근심과 걱정, 두려움을 줄이는 데 탁월한 효과가 있다.

미국의 심리학자 에드먼드 제이콥슨이 창안한 점진적 근육 이완 Progressive Muscle Relaxation 방법은 불안으로 인해 긴장된 근육을 풀어주면서 마음의 안정을 도모하는 행동요법 가운데 하나다. 익혀두면 스트레스와 불안에서 벗어나 주의력을 키우는 데 도움이 될 것이다. 다음 방법대로 반복해보자.

1 주변의 방해를 받지 않을 만한 조용한 곳을 택한다. 일체의 소음으로부터 떨어진 곳이어야 한다. 명상은 적어도 20분 정도 시간적 여유를 갖고 실시해야 한다. 뒤로 젖혀지는 의자를 준비해 최대한 뒤로 등받이를 젖힌다. 마땅한 의자가 없을 경우 침대에 눕는다. 편한 의자나 침대일수록 효과가 크다.

2 이완 작업에 돌입하면 편안하게 누워 몸에 들어간 힘과 긴장을 뺀다.

3 다시 근육을 하나씩 긴장시킨다. 머리부터 발끝까지 순서대로 하는 편이 가장 좋고, 무엇보다 빠짐없이 하는 것이 중요하다. 팔 아래쪽, 팔 위쪽, 다리 아래쪽, 허벅지, 배, 가슴, 어깨와 등, 목, 입, 눈, 이마, 머리, 허리 등을 한 군데씩 긴장시킨다.

4 각각의 근육을 10초간 긴장시킨 다음 그 느낌을 잘 기억해둔다. 잠시 숨을 멈춘다.

5 그러다 갑자기 힘을 빼고 천천히 숨을 내쉬면서 조용히 '편안하다'라고 되뇐다. 작게 소리 내도 괜찮다.

6 이때의 느낌을 조금 전 근육을 긴장시켰을 때의 느낌과 비교하면서 잘 헤아려본다.

7 다시 깊이 숨을 들이마시고 천천히 내쉬면서 조용히 '편안하다'라고 속삭인다.

이 점진적 근육 이완 요법을 복식호흡이나 이미지트레이닝과 함께 실시하면 스트레스와 불안을 보다 효과적으로 줄일 수 있다. 이미지트레이닝은 이완 요법을 병행하면서 편안한 공간을 천천히 상상하는 방법이다. 평소 편안한 사진이나 영상, 풍경을 눈여겨봤다가 이미지트레이닝을 할 때 그 장면을 반복해 떠올리면 된다. 여기에 마음챙김 명상까지 곁들이면 큰 심리적 변화를 경험하게 될 것이다. 이제 본격적인 마음챙김 명상 방법 하나를 배워보자.

마음챙김 명상법

마음챙김 명상은 한 가지 방법이 딱 정해져 있는 것이 아니다. 전문가에 따라 제시하는 방법이 다양하므로 각자 가장 효과적인 방법을 택해 연습하면 된다. 이 책에서는 마음챙김 명상법 가운데 가장 기초적이고 누구나 쉽게 따라할 수 있는 '아몬드 명상'을 소개한다. 이를 위해서는 아몬드 하나만 준비하면 된다. 지나치게 배가 고프거나 배가 부를 때는 피하는 것이 좋다.

먼저 접시 위에 아몬드 한 알을 놓는다. 3분간 아몬드를 감상한다. 먹지 않고 무심히 바라만 본다. 그 후 3분간은 아몬드를 손에 쥐고 코에 대거나 만져보며 아몬드의 냄새와 촉감을 느낀다. 그다음 복식호흡을 한 후 아몬드를 입에 넣는다. 바로 씹지 않고 3분간 아몬드를 입에 머금고 있는다. 혀로 아몬드의 촉감을 느끼고 표면에서 은은하게 우러나는 고소한 맛을 느낀다. 3분 후 아몬드를 천천히 깨먹는다. 최대한 천천히 씹으며 아몬드가 가진 풍미를 맛본다.

사탕이나 초콜릿같이 자극적인 맛을 가진 것보다는 너무 달지도, 맛이 너무 강하지도 않은 견과류나 과일을 이용하는 게 좋다.

마음챙김 명상은 가르쳐주는 선생님이 있지 않아도 혼자서 얼마든지 연습할 수 있다. 그러나 하루 이틀 만에 숙달될 수 있는 것이 아니기 때문에 꾸준한 실천이 가장 중요하다.

3장

공부호르몬 깨우기 2단계
: Mind, 앎의 즐거움을 되찾는 법

최근에는 끈기나 패기 같은 심리 특성을 성취의 가장 중요한 요인이라고 말하는 학자들이 많다. 끈기 역시 타고나는 측면이 있긴 하지만, 만들어지고 훈련되는 부분이 더 크다. 개인의 자제력 역시 노력 여하에 따라 얼마든지 눈에 띄게 좋아질 수 있다. 다시 말해, 공부를 잘하려면 마음가짐을 바꾸는 것이 가장 좋은 방법이라는 뜻이다.

공부는 지능의
문제가 아니다

마음으로 하는 공부

어떤 사람은 공부를 잘하고, 어떤 사람은 공부를 잘하지 못한다. 그리고 공부를 잘 못하는 사람들은 보통 그 이유를 자신의 지능에서 찾는다. 정말 지능 때문일까? 사실 공부와 관련해서 가장 잘못된 편견은 머리가 나쁘면 공부를 잘 할 수 없다는 생각이다. 공부의 성과에 연연하면 할수록 부족한 공부의 원인을 자신의 지능에서 찾게 된다.

그런데 지능은 절대 고정된 요소가 아니다. 인간의 지능은 평생에 걸쳐 변한다. 갈수록 지능이 낮아지는 사람이 있고, 처음에는 지능이 낮았더라도 차츰 높아지는 사람도 있다. 때에 따라서는 하루 동안에도 급격한 지능 변화가 생길 수 있다. 등산을 하고 난 후의 뇌와 술에 만취해 비틀거릴 때의 뇌를 생각해보라.

인간의 뇌는 탄력적이다. 몇 달 만에도 극적인 변화가 일어날 수 있다. 과학적이고 체계적인 방법을 따른다면 말이다. 그 중심에 '공부하고 싶은 마음'이 있다. 실제로 정서 지능EQ이 IQ보다 더 공부와 상관성이 높다는 연구 결과가 많다. 또한 자제력이 학업 성취와 거의 정비례한다는 연구 결과도 산재한다.

최근에는 끈기나 패기 같은 심리 특성을 성취의 가장 중요한 요인이라고 말하는 학자들이 많다. 끈기 역시 타고나는 측면이 있긴 하지만, 만들어지고 훈련되는 부분이 더 크다. 개인의 자제력 역시 노력 여하에 따라 얼마든지 눈에 띄게 좋아질 수 있다. 다시 말해, 공부를 잘하려면 마음가짐을 바꾸는 것이 가장 좋은 방법이라는 뜻이다.

심층적 학습자 VS 전략적 학습자

학습 능력의 차이는 공부를 대하는 학습자의 태도에 따라 좌우된다. 학습심리학 분야에서는 태도나 특성에 따라 학습자를 엄격하게 구분한다.

특히 반복된 연구와 실험을 통해 학습자를 '피상적 학습자', '심층적 학습자', '전략적 학습자'로 나눴는데, 이 분류법은 학력 차이를 예측하고 규명하는 가장 실질적인 분류법으로 인정받았다.

심층적 학습자는 학습 대상에 대한 호기심이 가득하고 발견과 앎의 기쁨으로 충만한 사람이다. 심층적 학습자는 앎의 대상이 반갑고 신기하며 알아가는 과정이 즐겁고 유쾌하다. 다른 어떤 활동에 비해 공부가 깊은 충족감과 만족감을 제공하는 것이다.

왕성한 호기심을 가진 예닐곱 살 아이들은 누구나 심층적 학습자다. 하지만 보통 아이들은 자라면서 이 멋진 특성을 끝내 상실하고 마는 경우가 많다. 그토록 즐겁던 공부도 어느 순간 스트레스가 되기 때문이다.

공부를 대하는 마음에는 목적이나 이유가 없을수록 좋다. 그냥 공부를 공부로만 좋아할 때 진정 자신의 것이 된다. 단지 공부가 재미있어서, 새로운 사실을 알아가는 일이 흥미진진해서 공부를 멈출 수 없어야 즐겁고 흥이 나는 공부가 가능한 것이다.

공부를 즐기는 마음인 '학습애호감'과 자신이 공부를 잘한다는 믿음을 나타내는 심리 용어인 '학습효능감'은 동전의 양면과 같다. 공부를 즐기면 공부가 쉬워지고 공부에 자신감이 붙는다.

학습효능감은 자신이 학습을 잘할 수 있다고 믿는 심리와 의식이다. 피상적 학습자나 전략적 학습자가 학습효능감을 전혀 가지지 못하는 것은 아니지만, 심층적 학습자가 자연스럽게 체득하는 학습효능감을 따라갈 수는 없는 노릇이다. 공부하고 싶은 마음이 절로 생기게 하는 학습효능감은 하루아침에 만들어지는 마음이 아니다. 학습효능감이 자라려면 매일 공부해야 하고, 공부하면서 이치를 깨닫는 경험이 일상화돼야 하며, 공부하면서 유쾌한 기분을 지속적으로 느껴야 한다. 쉽게 이야기해서 밤마다 독서하며 감탄하는 일이 일상이어야 하는 것이다. 때때로 어제 배운 새로운 지식을 되뇌며 즐거운 기분에 젖어들 수 있어야 한다.

심층적 학습자는 결국에는 다른 두 학습 유형보다 우월한 경지에 오르게 된다. 공부를 즐기다 보면 어느 순간 공부 달인이 돼 있는 것이다.

피상적 학습자는 공부를 전혀 다른 이유 때문에 하고 있는 사람이다. 연구자들은 학습과 관련된 실험에서 피실험자를 한 명씩 면담했는데, 일부 학생은 글을 읽을 때 오로지 그 내용을 가능한 한 많이 기억하려고 무척 애썼다고 한다. 그들은 단지 시험 결과만 걱정했다. 그들에게는 학습 대상을 좀 더 입체적으로, 또 깊이 있게 탐색하는 것이 어려운 일이다.

가장 문제가 되는 학습 유형은 바로 전략적 학습자다. 연구에 따르면 전략적 학습자는 대체로 졸업이나 전문 대학원 진학 등 말 그대로 전략적인 목표를 가지고서 공부에 임한다. 이들은 특정 시점에는 학급이나 집단에서 두각을 보인다. 주변 사람들 역시 이들이 이룬 높은 성적을 칭찬하는 경우가 많다. 많은 면에서 심층적인 학습자와 비슷해 보이지만, 그들의 실질적인 관심사는 심층적 학습자와 완전히 다르다. 전략적 학습자는 점수를 잘 따는 데만 집중할 뿐 공부 대상, 나아가 세상의 진리에 대해서는 관심이 없다. 그들의 공부 수명이 길지 못한 이유다.

공부를 즐기는 몇 가지 방법

우리 사회는 겉으로 보면 한없이 공부에 열광하고 있는 것처럼 보인다. 하지만 한국에서 공부를 열심히 하는 사람 중 대다수는 심층적 학습자가 아니라 전략적 학습자다. 그러니 처음 시작점과는 달리 도파민, 세로토닌 같은 공부호르몬이 차츰 증발하고 점점 공부하기 힘든 뇌로 변하고 만다.

당신은 어떤 학습 유형에 속하는가? 만약 피상적 학습자나 전략적 학습자라면 자신의 학습 유형을 바꾸는 일이 먼저 이뤄져야 할 것이다. 공부를 대하는 마음의 근본적인 변화 없이 뇌에서 공부호르몬을 만드는 일은 불가능하다. 공부 자체를 즐기기 위해 노력해야 한다. 이는 생각처럼 간단한 일이 아니며, 무척 공을 들여야 하는 실천이다. 하지만 멀리 보면 인생에서 온전한 성장과 성취를 경험할 수 있는 최선의 길이다.

어떻게 해야 공부를 즐길 수 있을까? 다음과 같은 심리적 지원책을 동원하면 좋다.

1   박물관, 전시회, 책 박람회, 도서관 등에 반복적으로 방문하며 새로운 지적 경험에 도전한다.

2   스스로 호기심을 풀 수 있는 환경을 마련한다. 단, 컴퓨터를 사용해 궁금증을 해결하는 방식은 자제한다. 백과사전을 이용하는 습관을 들이자. 각종 도서를 구비해놓거나 도서관에 자주 들르는 것도 좋다. 지식 많은 친구나 지식 멘토와의 대화 등을 활용하라.

3   자신의 호기심에 관해 이야기 나눌 대화 상대를 두면 큰 도움이 된다. 우리에게는 지식을 교류할 친구, 공부 친구가 필요하다.

4   열린 질문을 던지거나 호기심을 자극하는 다양한 주제의 과제를 제시해보자. 예를 들면 '꽃은 왜 피는 걸까?'와 같이 사소한 것에 호기심을 가지는 것이다.

5   호기심을 풀어서 알게 된 사실을 기록으로 남기자. 요약정리, 그림 그리기, 사진이나 자료, 팸플릿 등을 모아 자료집 만들기 등 다양한 방법으로 기록할 수 있다.

6 아인슈타인, 에디슨, 스티브 잡스 등 비상한 호기심을 지닌 인물의 전
   기를 읽자. 전기를 읽은 후에는 지인과 그에 관련한 대화를 나누는 것도
   좋다.

7 지적 욕구의 중요성에 대해 항상 명심하고 상기하자. 강태공이 말한 '인
   간이 살며 배우지 않는다면 어두운 밤길을 가는 것과 같다'와 같은 좋은
   말과 생각을 메모해두면 좋다.

8 공부할 때는 가급적 공부의 목적이나 이유를 잊도록 노력한다. 공부 자
   체에 집중한다.

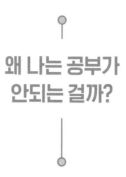

왜 나는 공부가
안되는 걸까?

내가 공부를 못하는 이유

만약 생활 습관에 큰 문제가 없고 학습에 대한 의지와 열의가 부족한 것이 아니라면 좀 더 근본적인 부분을 점검해봐야 한다. 다음 질문에 답해보자.

- 식사는 규칙적이고 영양의 균형이 잘 잡힌 상태인가?
- 피로를 느끼지 않을 만큼 규칙적으로 휴식하고 있는가? 과로하지 않는가?
- 7시간 이상 숙면을 취하고 있는가?
- 매일 1시간 이상의 유산소 운동, 일주일에 3회 이상의 근력 운동을 잘 소

화하고 있는가?

- 매일 전공이나 일과 관련된 학습 및 균형 잡힌 독서를 실시하고 있는가?
- 주변 사람들과 원만한 인간관계를 유지하고 있는가?
- 일주일에 한나절 정도는 취미 활동에 시간을 할애하고 있는가?

모든 항목에 '그렇다'라고 답했다면, 좀 더 근원적인 문제가 도사리고 있을 가능성이 높다. 바로 심리 문제다. 우울, 불안, 과도한 스트레스가 내적 문제를 일으키고 공부를 방해할 수 있다. 다음은 스트레스 정도를 알아보는 테스트다.

■ 스트레스 테스트

	문 항	YES	NO
1	쉽게 흥분한다.	☐	☐
2	일정 시간 정신을 집중하는 데 어려움이 있다.	☐	☐
3	아침에 일어날 때 피로감을 느낀다.	☐	☐
4	아주 사소한 결정도 잘 내리지 못한다.	☐	☐
5	잠드는 데 어려움이 있으며 밤중에 깨어나 안절부절못할 때가 많다.	☐	☐
6	보통 때보다 더 많은 일을 해야 한다.	☐	☐
7	대체로 기진맥진하고 몸이 불편한 것을 느낀다.	☐	☐
8	사는 것은 희망 없어 보이며 가치 있는 것은 아무것도 없는 듯하다. 나 자신이 참으로 못났다고 생각한다.	☐	☐

9	식욕은 없지만 건강을 위해 음식을 먹는다.	☐	☐
10	새로운 자료에 흥미를 집중시키는 데 어려움이 있다.	☐	☐
11	잦은 두통으로 고생한다.	☐	☐
12	내가 어떤 것을 하도록 요구받았을 때 필요한 정보를 상기하는 데 어려움이 있다.	☐	☐
13	보통 때보다 술을 더 많이 마신다.	☐	☐
14	때로는 매우 격앙되고 때로는 우울해지는 등 심한 감정 동요가 있다.	☐	☐
15	1~2가지 중요한 약속을 어겼거나 늦은 일이 있다.	☐	☐
16	들떠 있어서 적절하게 휴식을 취하지 못한다.	☐	☐
17	이전에 비해 창의성을 보여줄 수 없다.	☐	☐
18	때때로 불안해서 잠이 오지 않는다.	☐	☐
19	소화불량으로 자주 고생한다.	☐	☐
20	특정한 문제에 주의를 집중하는 능력이 결여된 것 같다.	☐	☐
21	아주 사소한 것에 대해서도 공포를 느끼며 더 이상 대처할 능력이 없는 것 같다.	☐	☐
22	보통 때보다 담배를 더 많이 피우는 것 같다.	☐	☐
23	자주 소변을 누고 싶은 욕구를 갖는다.	☐	☐
24	편안하게 쉴 수가 없다.	☐	☐
25	매사에 걱정이 많은 편이다.	☐	☐

- YES의 개수가 10개 이하라면 스트레스가 심하지 않은 상태다.

- YES의 개수가 10개에서 15개 사이라면 당신은 상당한 스트레스를 받고

있는 상태다. 심한 스트레스로 인해 다양한 어려움을 겪었을 것으로 판단되므로 이를 해결하기 위한 적극적인 노력이 필요하다.

• YES의 개수가 16개 이상이라면 당신의 스트레스 수준은 매우 위험한 상태다. 반드시 전문가의 도움을 받아야 한다.

심리적 고통이나 어려움은 일상생활을 마비시킨다. 몸과 뇌, 마음을 차츰 나락으로 떨어뜨린다. 결국 공부나 일처럼 의욕과 에너지를 필요로 하는 일을 제대로 할 수 없게 만든다. 따라서 심리 문제가 정상 범위를 벗어난 상태라면 이 문제부터 해결해야 한다.

심리적 문제가 크지 않고 규칙적 생활 리듬과 건강한 일상을 유지하고 있으며, 이 책에 제시된 지침을 잘 따르고 있음에도 공부에 진척이 보이지 않는다면 다른 원인이 있을 수도 있다. 바로 건강에 문제가 발생했을 가능성이다. 번아웃 증후군이나 대사 증후군, 아드레날린 과잉 증후군 같은 질병은 심한 무기력감을 동반한다. 이러한 문제를 겪고 있다면 충분한 휴식을 취해도 회복하기 어려운 경우가 많다. 질병은 주위 환경이 개선되더라도 쉽게 나아지지 않는 특성이 있기 때문에 전문적인 치료 없이는 회복하기 어렵다.

심리적 문제나 건강상의 문제도 아니라면, 그동안 공부 뇌 활용을 너무 등한했던 생활이 문제일 수 있다. 뇌는 변할 수 있지만 사람마다 그 역치나 속도가 다를 수밖에 없다. 쉽게 공부호르몬이 넘치는 뇌를 만들 사람도 있지만, 그 과정이 다른 사람보다 오래 걸리는 사람도 있다. 예를 들어 평소 지적 활동에 적극적이지 않은 사람, 독서와 멀어진 지 오래인 사람, 꾸준히 무언가를 배우고 암기하며 연습하는 일을 게을리했던 사람이라면 뇌에 구조적인 문제가 존재할 수 있다. 이를 일명 '잠자는 뇌 증후군'이라고 한다. 의외로 많은 사람이 잠자는 뇌 증후군을 가지고 있다. 건강한 뇌 사용 방식을 멀리한 채 억지로 뇌를 쥐어짜는 작업이나 학습 방식을 유지한 사람도 여기에 해당된다. 과도한 스마트 기기 사용, 과도한 정보 검색이 이런 결과를 낳기도 한다.

긍정적 마음도 학습할 수 있다

'건강한 신체에 건강한 정신이 깃든다'는 말이 있다. 옳은 말이다. 우리의 뇌는 신체 안에 자리한다. 뇌를 보호하기 위해서는 건강한 신체가 필요하다. 또한 마음은 뇌 안에 존재한다. 우리가 흔히 '마음'이라고 부르는 무형의 심리와 사고는 뇌라는 물리적 공간의 여러 작용에 의해 생성되기 때문이다. 온전한 뇌와 건강한 정신은 서로 유기적인 상보 관계를 갖는다. 그래서 건강한 뇌가 필요하다.

그렇다면 건강한 몸과 뇌가 빚어낸 건강한 마음은 어떻게 구성돼 있을까? 현대 심리학은 건강한 마음의 토대를 대개 긍정적 정서와 부정적 정서의 비율에서 찾는다. 사람마다 가지고 있는 긍정과 부정 정서의 비율은 각각 다르다. 건강한 몸과 마음, 뇌는 긍정적 정서를 갖기 위한 노력에서부터 시작된다. 만약 나쁜 일이 생겼다고 해도 모든 잘못을 자기 자신에게로 돌리는 것은 위험하다.

긍정적으로 말하는 연습을 하는 것, 그것이 낙관적인 사람이 되는 첫 번째 원칙이다. 맹목적인 자아 존중이나 근거 없는 낙천주의도 위험하지만, 냉정한 현실 이해에 근거한 긍정감은 우리가 반드시 갖춰야 할 인생의 최고 덕목이다. 그렇다면 우리는 얼마나, 어느 정도까지 낙관적이어야 할까?

미국의 긍정심리학자 에드 디너 박사는 개인이 긍정적인 마음과 행복을 느끼는 '주관적 안녕감Subjective Well-being'을 얻으려면 부정적 감정과 긍정적 감정이 적정 비율을 이뤄야 한다고 주장한다. 그 긍정과 부정의 비율은 대략 4:1 정도가 이상적이다. 다시 말해 100% 긍정적 감정만 가지고 있는 사람보다 약간의 부정적 감정도 가지고 있는 사람이 더 최적의 감정 상태로 삶을 살아갈 수 있다는 말이다.

또 다른 긍정심리학자 바버라 프레드릭슨은 "행복하게 정돈된 인생을 사는 방법 중 하나는 부정적인 기분을 한 번씩 겪을 때마다 긍정적인 감정을 최소 세 번 경험하는 것"이라고 말한다. 다시 말해 나쁜 일을 겪었을 때는 지체하지 말고 스스로에게 심리적 보상을 해야 한다는 말이다. 맛있는 차 한 잔을 마시거나 자신에게 장미꽃 한 송이를 선물하거나 친구와 20~30분쯤 수다를 떠는 등의 긍정 경험이 필요하다. 부정적인 하루를 조금이라도 긍정적으로 변하게 할 자기만의 힐링 기술을 평소에 잘 익혀두는 게 좋다. 그리고 그것을 응급 상황마다 써야 한다. 이를 심리적 지원군이라고 부른다.

심리학에서 가장 유명한 실험 중 '학습된 무기력Learned Helplessness' 이론과 관련된 것이 있다. 미국 긍정심리학의 대가 마틴 셀리그만 교수는 동물 실험을 통해 무기력감 또한 학습될 수 있음을 발견했다. 그는 개를 밧줄이나 감금 장치로 묶고 전기 충격을 가한 뒤 반응을 관찰했다. 전기 충격을 피해 다니려고 애쓰던 개는 충격이 반복되자 무기력감에 빠지고 말았다. 시간 차를 두고 다시 전기 충격을 가했을 때 개는 바닥에 엎드려서 아예 일어나지 않았다. 무기력을 학습해버린 것이다.

이 실험은 사람에게 우울증이 생기는 기전을 이해하는 중요한 근거가 됐다. 반복된 통제력 상실의 경험은 인간을 실험실의 개처럼 무기력하게 만든다. 무기력감은 쉽게 학습될 수 있다. 특히 통제하기 어려운 일들로 가득한 현대사회에서는 누구나 쉽게 우울증에 감염될 수 있다.

근면성 혹은 낙관성 역시 학습될 수 있다. 셀리그만 교수는 반대 상황으로 조건화된 실험을 통해 낙관성과 근면성도 학습될 수 있음

공부호르몬

을 발견했다. 전기 충격이 왔을 때 끊임없이 벗어나려고 시도하는 능동적이고 낙관적인 개를 만들 수 있음을 알게 된 것이다. 처음 전기 충격이 왔을 때 벗어나는 방법을 적극적으로 학습했던 개는 전기 충격이 계속돼도 적극적으로 빠져나가려고 애썼다.

셀리그만은 이를 '학습된 낙관성Learned Optimism'이라고 불렀다. 그리고 그 행동 방식은 '학습된 근면성Learned Industriousness'이다. 학습된 낙관성과 학습된 근면성은 동전의 양면과 같은 구실을 한다. 좋은 결과가 생길 거라는 믿음은 근면한 행동과 실천을 이끌어낸다.

누구나 낙관성을 배울 수 있다. 이렇게 이야기하면 자신은 기질적으로 부정적 성향을 타고났다고 말하는 사람이 있다. 물론 그럴수 있다. 하지만 그들에게 전혀 희망이 없는 것이 아니다.

낙관성을 높이기 위해서는 세상을 대하는 의식과 습관을 재구성해야 한다. 바버라 프레드릭슨은 긍정정 정서를 늘리기 위해서는 사고의 유연성을 늘릴 것, 돈독한 인간관계를 형성할 것, 좋은 일을 실천할 것, 나만의 오락거리를 만들 것, 부정적 사고를 지속적으로 반박할 것, 자연을 가까이 할 것, 자기감정을 자각하고 적절히 활용할 것, 명상을 실천할 것, 용서를 통해 분노 감정을 제어할 것, 감사를 습관화할 것, 긍정적인 기분을 향유하고 음미할 것, 희망 찬 미래를 구체적으로 그려볼 것을 제안한다. 프레드릭슨의 원칙은 최신 심리학이 제안하는 치유법을 총망라한 것이라고 볼 수 있다.

낙관성을 높이는
특급 실천 방법

1. 긍정의 표현을 3배 더 하라

존재 칭찬 '나는 참 소중한 존재다'라는 생각을 진심으로 받아들여
라. 자주 입 밖으로 소리 내어 말해보자.

노력 칭찬 자신이 한 일이 비록 보잘것없어 보여도 그때의 노력과
도전을 칭찬하는 습관을 들이자. 작은 일에도 잘했다고 스스로에게
자주 말하자.

작업과 성취에 대한 구체적인 칭찬 만약 어떤 일에서 특별한 성과를
거뒀다면 조금 더 구체적으로 그 일을 칭찬하는 습관을 들이자. 가
장 좋은 방법은 칭찬의 내용을 글로 적어보는 것이다. 친구를 만나
자신의 성과를 말하고 칭찬을 구하는 것도 좋다.

긍정적 감정의 표현 긍정적 감정이 떠오르면 주변 사람들과 자기 자
신에게 그 감정을 솔직하게 표현하자. "그런 일이 생겨서 참 기쁘

다"라고 스스럼없이 말하자.

세상과 사회에 대한 긍정적 표현 세상을 탓하기보다는 세상을 긍정하는 생각을 조금 더 가져보자. 링컨이나 슈바이처 박사 같은 위인들 덕분에 우리는 전보다 조금 더 나은 삶을 살게 됐다. 세상은 사랑과 박애, 헌신 없이는 존재할 수 없다. 여전히 세상에는 악덕이 만연하지만 진선미와 덕행을 찾을 수 있는 곳도 넘쳐난다.

자신의 감정을 읽어주고 공감하기 이 일에는 짝이 필요하다. 상대에게 자신의 감정을 말하고 공감을 구해보자. 일방적인 요구만 하지 말자. 나 역시 충분히 상대의 감정을 읽어주고 공감해줘야 한다. 이런 행위는 체내의 옥시토신 분비를 활성화한다. 옥시토신은 사랑을 느끼게 하고 불안을 잠재우는 마법의 호르몬이다.

과도한 칭찬, 고정형 사고 강화 표현은 금지 쓸데없이 과한 칭찬은 오히려 기운을 빠지게 만든다. "나는 천재야, 나는 타고난 재능을 가졌어"와 같은 고정형 사고에 기반한 칭찬 역시 스스로를 가두는 말이 되고 만다. 스스로 한계를 만들지 말고, 스스로를 규정하는 말도 하지 말자. 항상 열린 사고, 열린 상태를 지향하자. 결과는 운명에 맡기고 최선을 다해야 한다. 칭찬은 노력보다 조금 적게 하는 것이 좋다.

긍정적 표정, 말투, 몸짓 진정한 대화의 달인은 비언어적 표현에 능숙하다. 백 마디 말보다 한 번의 진심 어린 표정이 상대를 감화시킨다. 이는 스스로에게도 해당된다. 긍정적인 표정, 말투, 몸짓을 연습해보자. 감정이 생각을 만들 때도 있지만, 반대로 행동과 감정 표현이 생각을 이끌어갈 수도 있다. 긍정적으로 표현하고 행동해보자.

2. 나머지 1의 부정 표현을 신중히 구사하라

비난, 경멸, 회피의 말 피하기 조심해서 비난하자. 비난해야 할 일은 언제나 존재한다. 회피하는 말을 써야 할 때도 많을 것이다. 하지만 이런 표현이 너무 잦으면 정서도 부정적으로 오염될 때가 많다.

부정적 감정 표현의 수위 조절 화가 날 때가 있다. 분노, 미움, 혐오감, 시기와 질투 등의 부정적 감정이 넘칠 때가 있다. 이런 부정적 감정은 끝내 자기 자신을 다치게 한다. 부정적 감정을 제어할 줄 알아야 한다. 질투나 시기를 느낄 만한 매체와 거리를 두자. 예를 들어 다른 사람의 SNS를 보며 질투나 시기를 느낀다면 SNS와 거리를 둘 필요가 있다.

또한 사람들의 장점을 보는 연습을 하라. 우리 뇌는 쉽게 편향된다. 첫 인상이 좀 못마땅했던 사람이라도, 뭔가 부족함이 엿보이는 사람이라도 장점을 보려고 애쓰면 어느새 그렇게 된다.

마지막으로 질투를 잠재울 최고의 비책은 바로 영화와 문학작품 감상이다. 예술은 부정적 감정을 정화한다. 이를 심리학 용어로 '카타르시스'라고 하는데, 카타르시스는 예술 체험을 통해 내면에 쌓인 감정을 밖으로 표출하는 방법이다.

세상에 대한 냉소나 매도 피하기　비판이 비록 정당하다 할지라도 표현에 좀 더 세심하게 신경 써야 한다. '쯧, 저 인간들 하는 꼬락서니 하고는. 저러니까 세상이 엉망진창이지'라는 말 대신 '저 사람들은 욕망과 부정적 감정에서 벗어나지 못하는 어리석은 사람들이로군' 정도의 말이 좋다.

영구적이고 전체적인 부정의 말 피하기　'또 이 문제 틀렸네. 난 항상 이런 유형 문제를 틀리더라. 난 공부에 소질이 진짜 없나 보다'와 같은 전면 부정의 표현은 비관적인 생각을 극도로 강화하는 표현이다. 그 대신 '어제 틀린 문젠데 또 틀렸네. 이 문제 유형이 내게 좀 어려운 모양이군. 동영상 강의를 한 번 더 볼까? 대신 앞 문제는 잘 풀었는데. 조금 더 공부하고 다시 풀어보자. 다음엔 잘 풀 수 있을 거야'와 같은 합당하고 정확한 부정 표현을 사용하자.

낮은 자존감은
의욕을 떨어뜨린다

자존감의 조건

자존감은 학습에 적지 않은 영향을 미친다. 만약 공부가 잘 되지 않는다면 당신의 자존감 수준을 살펴볼 필요가 있다. 낮은 자존감이나 자존감 과잉이 공부를 방해하고 있을 가능성이 높기 때문이다.

자존감이란 말이 처음 사용된 것은 지금으로부터 120년 전 미국 심리학의 아버지 윌리엄 제임스의 저서《심리학의 원리》에서다. 제임스는 아래와 같은 자존감 공식을 창안했다.

자존감Self-esteem = 성공Success/욕구Pretensions

윌리엄 제임스는 자존감을 두고 "나에 대한 근사한 생각"이라고 말했지만, 자존감이란 단순히 자신에 대해 좋은 생각을 갖는 것만이 아니다. 오히려 자존감은 여러 가지 일을 성취하면서 얻는 자신에 대한 견고한 믿음에 가깝다. 갇힌 자아 안에서 유령처럼 존재하는 자기애는 자존감이 아니라 허세나 자존심이다. 세상과 교류하면서 바람직한 자기 확신Self-conviction을 만드는 것이 자존감의 진실한 성장이다. 그렇기 때문에 자존감은 고정적인 심리 상태가 아니라 유동적으로 변화하는 능력으로 볼 수 있다.

자존감 연구의 대가 나다니엘 브랜든은 '좋은 기분을 느끼는 것'과 '잘하는 것'이 합쳐져 자존감을 만든다고 했다. 어려움을 이겨내며 성취한 일을 통해 자신의 능력을 믿게 되는 것, 그리고 자신이 가치 있고 소중한 존재라는 생각을 내면화하는 것이 합쳐져 자존감을 형성한다는 말이다. 그러므로 자존감을 높이려면 "난 대단해"라는 주문을 읊는 것만으로는 부족하다. 끊임없이 어렵고 새로운 일에 도전할 필요가 있다.

진정한 자존감의 기본 원료는 성취감과 그로 인해 증대되는 자기 효능감이다. 특히 성취감은 성장 과정과 현재의 삶에 만족할 때 생기는 대단히 중요한 요소다. 심리학자 미하이 칙센트미하이는 어른이 된다는 것은 성취감을 통해 내적 성장을 이루는 것이라고 했다.

위대한 성취에 도달한 사람은 누구나 그때 느꼈던 성취감과 경험을 다시 느끼고 싶은 열망을 갖는다. 성취감이 단지 심리학적 문제만은 아니다. 철학자들 역시 우리 생을 영위함에 있어 성취감만큼 중요한 요소는 드물다고 설명한다. 우리 삶을 가치 있게 만드는 것이 궁극적으로 자신이 지향하고 사랑하는 일에서 의미 있는 성취를 얻는 일이기 때문이다.

성취감은 크게 성취감과 성취동기로 나눠 생각할 수 있다. 성취감은 자신이 해낸 일에서 즐거움과 만족감을 느끼는 것이고, 성취동기는 도전 과제에서 성공하고 높은 성취 기준을 맞추려는 의지다. 고로 성취감은 성취의 즐거움과 성취하려는 의지, 두 마음의 결합에 가깝다. 궁극석으로 자존감은 가치 있는 성취를 통해 스스로에 대한 믿음을 쌓을 때 차츰 성장하게 되는 자아상이다. 그러니 높은 자존감을 위해서는 자기 생에서 지향해야 할 가치와 의미부터 먼저 탐색해야 하며, 그 가치와 의미를 실현하기 위한 노력이 꼭 필요하다.

학구열은 한 사람의 지적 여정에 에너지이자 바탕이다. 글자 그대로 공부에 대한 애착과 열의를 뜻하는 학구열을 기르기 위해서는 공부의 중요성을 체득하고, 공부를 통한 삶의 성장을 경험해야만 한다. 자존감이 높은 사람은 공부를 잘할 가능성이 높다. 또한 공부를 통해 자신의 자존감을 극적으로 성장시킬 수도 있다. 열심히 공부해서 통찰력이 좋아지면 다른 분야에서의 성공이나 성취와 상관없이 자존감을 상승시킨다.

책만 읽어도 자존감이 높아진다

'독서치료Bibliotherapy'는 그리스어 'Biblion책, 문학'과 'Therapeia의학적으로 돕다, 병을 고치다'를 합친 말로, 책 혹은 문학으로 질병을 치료한다는 뜻이다. 쉽게 말해 독서의 효용을 체계적으로 심리 치료 임상에 적용하는 실천이다.

서구의 독서치료 전통은 매우 깊다. 1920년대 영국에서 발간된 사전에는 이 용어가 이미 수록돼 있다. 20세기에 접어들자 문학가, 사서, 의사, 심리학자들이 협력을 통해 독서치료를 활발히 연구했다. 그 결과 독서치료는 현재 가장 중요한 심리 치료 수단 가운데 하나로 통용되고 있다.

2014년부터 영국에서는 '책 처방'이 전국적 의료 서비스로 제공되고 있다. 책 처방이란 가벼운 우울증이나 불안장애를 겪는 환자에게 약물 대신 자기조력Self-help 도서를 권하는 처방법이다. 영국 공중보건당국에서 수만 명의 환자에게 자기조력 도서 읽기를 처방한 결과, 경미한 우울증 증상을 보이던 환자 상당수가 증상이 완화돼 추가 치료를 받지 않아도 될 정도로 호전됐다.

독서치료는 크게 독서치료사가 개입하는 방법과, 독서치료사의 개입 없이 자기조력 도서를 활용하는 방법으로 나뉜다. 여기서 자기조력 도서는 말 그대로 자신의 심리 문제를 스스로 해결하는 데 도움을 줄 수 있는 책이다.

자신에게 맞는, 또 효과가 검증된 자기조력 도서를 통해 자존감 문제는 물론이고 심리 질환까지 극복할 수 있다. 물론 자신에게 맞는 책을 찾는 것이 가장 중요하므로, 경우에 따라 역량 있는 전문가의 지도나 상담이 필요할 수 있다.

마음을 지켜내는 힘

최근 본격심리학에서는 자존감을 넘어 낙관성, 그리고 낙관성보다 좀 더 근원적인 회복탄력성Resilience에 큰 관심을 가지고 있다. 회복탄력성은 원래 자리로 되돌아가려는 힘을 뜻한다. 심리학에서는 시련이나 고난을 이겨내고 원래의 심적 상태를 회복하려는 긍정적 심리 에너지와 태도를 말한다. 우리말로 쉽게 마음을 지켜내는 힘, '마음 근력'이라고 풀이되기도 한다. 현대 심리학은 지금 이 회복탄력성에 주목하고 있다.

회복탄력성은 감정 조절 능력, 충동 통제 능력, 낙관성, 원인 분석력, 공감 능력, 자기효능감, 적극적인 도전 정신 등으로 이뤄져 있다.

자존감은 회복탄력성과 밀접한 관련이 있다. 자존감이 유지되는 힘의 원천이 바로 회복탄력성이기 때문이다. 어려운 일에 굴하지 않고 다시 도전할 수 있는 마음의 힘이 자존감을 지켜주는 것이다.

낙관성이나 자존감과 마찬가지로 회복탄력성 역시 얼마든지 성장시킬 수 있다. 명상이나 자제력 훈련을 통해 자기조절능력을 키우는 것은 회복탄력성을 높이는 데 도움이 된다. 인간관계의 폭을 넓히고 자유로운 대화 기회를 자주 갖는 것도 좋다. 앞서 제시한 낙관성을 증진하는 방법을 잘 실천하면 회복탄력성 역시 높일 수 있다. 잘못된 생각들을 체계적이고 기술적으로 교정함으로써 회복탄력성을 높이는 것이다.

무작정 자존감만 외치면 오히려 자존감은 사라진다. 자존감 이전에 생의 의미에 대한 분명한 이해가 필요하다. 자아와 존재의 의미에 대해 따지지 않으면서 자기 존립을 논할 수 없다. 그러므로 우리의 자존감을 극대화하는 데는 철학적 성찰이나 사유가 도움이 된다. 높은 자존감을 원한다면 자신과 세상에 대한 철학을 가지는 일에 도전하기 바란다.

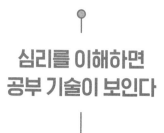

심리를 이해하면
공부 기술이 보인다

공부에도 더 나은 기술이 있다

성인이라면 누구나 자신에게 편하고 익숙한 학습법을 갖기 마련이다. 이렇게 굳어진 학습법이 실질적인 도움을 줄 때도 있지만, 스트레스만 높이는 경우도 많다.

26살 대학원생 여정 씨도 꼭 그런 사례였다. 내원 당시 그녀는 심한 학업 스트레스에 시달리고 있었다. 서울의 한 사립대를 졸업한 여정 씨는 여러 번의 낙방 끝에 유명 대학원에 입학할 수 있었다. 하지만 기쁨도 잠시, 곧 공부의 고통이 그녀를 엄습했다. 사실 그녀에게 공부는 힘들고 버거운 일이었다. 그녀는 경쟁에서 뒤처지지 않으려고 발버둥을 치며 살아왔던 것이다. 두 학기 내내 형편없는 학점을 받으면서 그녀의 오기와 투지는 꺾이고 말았다.

상담을 받을 당시 여정 씨는 이미 우울증을 겪고 있었다. 더 이상 버틸 힘이 없다고 토로했다. 밤잠을 설치며 시험공부를 하고 리포트를 작성했지만, 돌아오는 것은 결코 받고 싶지 않았던 초라한 학점 뿐이었다. 여정 씨는 성실했다. 물론 머리가 나쁜 것도 아니었다. 게다가 공부에 대한 열정도 넘쳤다. 이런 그녀에게 도대체 무슨 문제가 있었던 것일까?

여정 씨는 자신의 공부법에 대해 한 번도 고민해본 적이 없었다. 늘 그럭저럭 괜찮은 성적이 나왔기 때문이다. 최상위권의 성적이 나오지 않는 이유는 자신의 지능과 노력이 부족하기 때문이라고만 생각했다. 하지만 상담을 해보니 그녀는 대단히 중요한 공부의 기초를 놓치고 있었다.

여정 씨는 닥치는 대로 공부하고 있었다. 공부 계획표를 짜지 않고 생각나는 대로 이 책 저 책을 집어 드는 바람에 공부 효율이 매우 떨어졌다. 그녀는 우선 체계적으로 학습을 관리하는 방법을 익혀야 했다. 이는 공부의 성장과 지식의 증대에 반드시 필요한 일이다. 또 여정 씨는 셀프테스트를 거의 하지 않고 있었다. 그녀는 시험 당일까지 책에 밑줄을 치며 읽고 또 읽는 것으로 시험공부를 대신했다.

공부를 효율적으로 수행하려면 공부에 대한 '상위인지(메타인지 Metacognition)'부터 형성해야 한다. 상위인지는 학습자가 자신의 앎에 대해 의식적으로 관여하는 것을 의미한다. 다시 말해 자신이 배우고 익히는 대상에 대해 스스로 자각하고 점검하며 성찰할 수 있는 능력을 말한다.

효율적인 학습이란 내용을 입체적으로 이해하고 암기하며 응용할 수 있을 때까지 도전하는 것을 말한다. 그런 의미에서 가장 중요한 것은 인출 연습이다. 인출 연습은 곧 자체 시험(셀프테스트)을 뜻한다. 공부를 하는 중간중간 자신이 배운 내용을 잘 숙지하고 있는지, 얼마나 이해하고 있는지 지속적으로 자체 시험을 치르는 것이다. 셀프테스트를 하면 자신의 공부 상태를 정확히 파악할 수 있다. 경우에 따라서는 즉각적으로 어떤 부분이 부족한지 자각하게 될 것이다.

여정 씨에게는 공부 계획표를 체계적으로 세우고 셀프테스트를 자주 치를 것을 처방했다. 상담이 이뤄지는 동안 그녀는 또 한 번의 중간고사를 보게 됐다. 그녀가 새롭게 익힌 공부법을 충실히 실천하자 놀라운 결과가 나왔다. 이전과 달리 답안지를 빼곡하게 채울 수 있었던 것이다. 상담을 통해 우울증에서 벗어난 것도 적잖이 도움됐겠지만, 예전부터 해왔던 공부 방법을 버리고 새로운 공부법으로 재무장한 것이 여정 씨에게 결정적인 도움이 됐다.

노트 필기도 똑똑하게 하자

생각보다 많은 사람이 아주 기초적인 공부 기술조차 모르고 있다. 자신의 공부에 대한 상위인지나 자성 없이 기존의 공부 방법을 답습하는 것은 흡연이나 음주, 다른 나쁜 습관들처럼 반드시 버려야 할 대상이다. 장기적으로 공부에 대한 열의를 떨어뜨리고 여러 비효율성을 야기하기 때문이다.

공부 기술은 매우 중요하다. 잘못된 공부법은 자기기만에 빠지기 쉽다. 내가 공부를 제대로 하고 있다는 자기도취에 빠지기 쉬운 것이다. 그렇게 될 경우 공부할 때 성취나 효율성을 경험하기 어렵다. 공부에 대한 상위인지는 이런 속임수에 속지 않도록 방어한다.

효과적인 공부 기술은 대개 이 상위인지를 적극적으로 활성화하는 방법이다. 자신이 공부하고 있는 대상을 제대로 장악할 수 있도록 통제력을 강화해주는 것이다. 대표적으로 노트 작성 기술이 있다. 올바른 노트 작성은 학습에서 매우 중요한 요소다. 그중 '코넬식 노트 정리법'은 가장 보편적이면서도 과학적인 노트 작성 방법이다.

코넬식에 따라 노트를 정리하면 뇌가 학습 내용을 기억하고 이해하기 쉽다. 먼저 제목 영역에 날짜와 학습 목표를 적는다. 자세한 정보란에는 보고 배운 대로 최대한 자세하게 필기한다. 부족한 부분은 참고서나 전공 서적을 보고 나중에 채운다. 그다음 핵심 단어나 개념 영역에는 자세한 정보란에서 얻은 키워드나 중요한 것을 간추려 적는다. 수업 중 떠오른 아이디어나 기억에 도움 될 만한 내용도 함께 적으면 좋다. 시험공부를 할 때 이 부분을 보면 관련 내용이 되살아날 것이다. 요약란에는 앞서 필기한 내용을 몇 줄로 요약해둔다. 수업이 끝난 후 노트한 내용을 다시 보면서 한두 문장으로 정리하면 된다.

■ 코넬식 노트 정리법

제목	
핵심 단어나 개념	자세한 정보
요약	

코넬식 노트 정리법은 시험공부를 할 때 강점을 발휘한다. 자세한 정보란의 내용을 종이로 가린 후 핵심 단어나 개념 영역의 내용만 보면서 스스로 문제를 만들어내고 답하면서 배운 내용을 정리해나갈 수 있다. 또한 요약란을 먼저 살펴보면서 전체적인 내용을 훑

어보는 능력도 키울 수 있다.

상위인지를 높이는 공부 기술에는 노트 정리 기술 외에도 학습 환경 관리 기술, 자기 관리 기술, 학습 계획표 관리 기술, 수업 청취 기술, 독해 기술, 시험 기술, 글쓰기 기술, 보고서 작성 기술, 기억술 등 다양하다. 다양한 공부 기술 중 자신에게 맞는 방법을 찾아내 활용하는 것은 효율적으로 공부하는 첫걸음이 될 것이다.

하고 싶어서 하는 공부가
진짜 공부다

죽어 있는 공부 동기 되살리기

어떤 일을 잘하려면 그 일이 정말 하고 싶어야 한다. 하고 싶은 마음
이 없다면 그 일로 억만금이 생긴다고 해도 잘해내기 어렵다. 공부
를 즐기는 것, 그것은 이상적이고 바람직한 일임에 틀림없다. 하지
만 공부를 즐기는 마음, 좋아하는 마음만으로 학습 동기를 모두 채
울 수는 없다. 공부호르몬이 샘솟는 뇌를 만들기까지 노력하고 실천
해야 할 것들이 꽤 많다.

　공부애호감은 학습 동기의 중심이 되는 요소이긴 하지만 이것 역
시 학습 동기의 전부가 될 수 없다. 공부호르몬이 뇌에서 샘솟는 단

계로 나아가기까지는 상당 기간 전력을 다해 의지를 곧추세우는, 공부 의지 성장의 단계를 밟아야만 한다. 성인의 경우에는 아무리 짧아도 7주 이상 걸린다. 7주는 뇌가 어떤 중대한 습관을 완전히 길들이는 데 필요한 시간과 일치한다. 금연, 금주, 마약 끊기, 인터넷 게임 중단에도 비슷한 시일이 필요하다. 효과가 나타나기 전까지 일시적 부작용이 몇 번 반복되지만 7주 정도만 잘 참고 견디면 뇌는 새로운 습관에 적응할 수 있다. 그리고 이 적응 기간에 필요한 마음가짐은 무엇보다도 성실과 의지, 끈기다. 특히 성실은 대단히 중요한 마음가짐이다.

일단 공부를 즐기게 되기 전까지는 공부를 매일 쉬지 않고 하려는 의지가 필요하다. 의지를 다지는 데 학습 일지를 쓰는 일은 큰 도움이 된다. 매일 공부할 학습 내용을 적어보자. 독서할 책의 목록도 함께 적어보자. 아직은 뇌가 공부를 기꺼이 반기는 상태가 아니므로 시간과 분량을 정해두는 것이 좋다. 하지만 어느 순간, 다른 일상과 균형을 맞추기 위해 공부의 시간과 양을 애써 조절해야 할 정도로 공부 시간과 질이 확대되는 경험을 할 수 있을 것이다.

심리학에서 어떤 일을 하고자 하는 마음을 '동기Motive, 動機'라고 한다. 현재 당신이 매일 조금씩이라도 공부하는 습관을 가지지 못했다면 이는 공부 동기가 부족하기 때문이다. 당신은 부족한 공부 동기를 여러 차원에서 끌어 모으고 또 상승시켜야만 한다. 그래야 공부호르몬이 넘치는 지점에 도달할 수 있다. 다음 표를 참고하자.

■ 공부 뇌 완성 사이클

공부 동기 상승 → 규칙적인 공부 실천(공부 계획표 기록, 공부 내용 인출 연습, 공부 내용 체계적 정리) → 공부호르몬 분비 → 공부 뇌 완성

어떻게 하면 저 아래로 떨어진 당신의 공부 동기를 되살릴 수 있을까? 공부를 하려면 우선 공부를 하고 싶은 충동과 함께 공부하려는 의지와 심리가 결합해야 한다. 최근 심리학에서는 이 무의식적인 충동에 의해 촉발되는 행동에 좀 더 많은 관심을 기울이고 있다. 그럼에도 여전히 우리가 행하는 일 대부분은 우리가 의식하는, 그 일에 대한 동기에 의해 촉발될 때가 더 많다. 공부 역시 전반적으로 의식할 수 있는 공부 동기에 의해 실천되는 대상이다. 물론 공부 습관이 만들어져 의식적인 노력 없이도 공부가 술술 되는 경지에 이를 수 있다면 좋을 것이다. 하지만 공부를 즐기는 사람이 되기까지는 의식적인 공부 동기의 역할이 매우 중요하다.

당신의 공부 동기는 지금 어떤 상태일까? 다음 체크리스트를 통해 자신의 공부 동기를 점검해보자.

■ 공부 동기 체크리스트

문항	YES	NO
1 나는 배운 내용을 잘 활용할 수 있다.	☐	☐
2 나는 공부 내용이 중요하다고 생각한다.	☐	☐
3 나는 학습 내용을 잘 익힐 수 있다.	☐	☐
4 나는 다른 사람보다 더 좋은 공부법을 알고 있다.	☐	☐
5 나는 시험에서 좋은 성적을 낼 수 있다.	☐	☐
6 나는 다른 사람에 비해 더 많은 것을 알고 있다.	☐	☐
7 나는 모르는 내용을 다시 배우려고 노력한다.	☐	☐
8 지금 배우는 것들이 나에게 도움이 될 것이라고 믿는다.	☐	☐
9 나는 주어진 과제를 다른 사람보다 더 잘할 수 있다.	☐	☐
10 나는 다른 사람에 비해 공부를 더 잘할 수 있다.	☐	☐
11 나는 새로운 것을 배우기 위해 어려운 내용도 알고 싶다.	☐	☐
12 나는 수업을 통해 배우는 내용이 재미있다.	☐	☐
13 나는 배운 내용을 잘 이해한다.	☐	☐
14 나는 다른 사람에 비해 더 지적이다.	☐	☐
15 나는 시험을 볼 때 자신감이 있고 편안하다.	☐	☐

━ 결과 보기

YES가 12개 이상

나에게 공부는 좋은 일이다. 공부는 정말 재미있으며 소중하다. 나는 매우 출중한 학습 동기를 형성하고 있다. 높은 학습 동기는 그간의 학습 과정에서 긍정적인 가치, 뛰어난 학업 성취로 인한 성취감, 몰입과 재미를 충분히 맛본 덕분이다.

YES가 10개 이상

나는 가끔 공부가 힘들 때도 있으나 대체로 공부를 즐긴다. 나는 비교적 높은 학습 동기를 가지고 있다. 하지만 공부에 자신감이 떨어질 때도 있고, 별로 하고 싶지 않을 때도 있다.

YES가 8개 이상

나는 공부에 큰 열의를 느끼지 못하고 있다. 새로운 동기부여가 필요하다. 지금 나는 공부에 다소 싫증을 느끼고 있으며, 이 싫증을 느끼게 된 데는 다양한 원인과 부정적 경험이 작용했을 것이다.

YES가 7개 이하

나는 학습 동기가 많이 부족하다. 공부의 의미, 재미, 목적을 다시 가질 수 있도록 다양한 방법을 찾아야 한다. 무엇이 문제인지 처음부터 하나씩 점검해봐야 한다.

스스로 결정하는 일의 중요성

우리는 공부에 대해 전혀 다른 생각을 품어야 한다. 공부는 가치 있고 의미 있다는 마음, 공부를 통해 점차 완전한 인격으로 발전해나간다는 생각, 공부할수록 삶이 성장하고 바람직한 인생으로 나아갈 수 있다는 믿음을 가지도록 스스로를 독려해야 한다.

특히 중요한 것이 자발적 동기다. 이 반대는 돈, 지위, 명예 같은 외적 동기다. 지식 탐구 추구, 지적 성취 추구, 지적 자극 추구 단계에 이르면 마음속에는 자발적 학습 동기의 비율이 상승한다.

미국의 심리학자 에드워드 L. 데시는 인간이 보편적으로 자신의 일을 스스로 결정하고 택하려는 욕구인 '자기결정 욕구'를 가졌다고 주장했다. 그리고 거듭된 연구와 실험을 통해 돈이나 상벌, 칭찬과 같은 외적 동기부여 요소보다 자기 일을 해나갈 필요성과 이유를 스스로 내면에 새긴 내적 동기부여가 형성돼야 보다 능동적이고 적극적으로 실천할 수 있다는 사실도 발견했다.

공부뿐만이 아니다. 어떤 일에서든 자발적 동기를 내면화하는 것이 무엇보다 중요하다. 자발적인 학습 동기가 만들어지려면 지속적으로 자신의 일에서 성취감을 느껴야 하고, 그 가운데 자기효능감이 형성돼야 하며, 주변 사람과의 원만한 소통을 통해 자율성과 의욕을 무장해나가야 한다.

데시는 모든 인간에게 존재하는 자기결정 욕구라는 뚜렷한 심리적 자원을 연구해 '자기결정성의 원리'라고 불리는 이론을 발전시켰다. 자기 스스로 결정할 때 일의 능률과 성취가 극대화된다는 이론이다. 당신의 자기결정 욕구가 부인되거나 거부당할 때 당신은 삶의 지향점을 잃고 권태를 경험한다. 나아가서는 크고 작은 여러 가지 심리 문제에 봉착하고 말 것이다.

온전한 삶을 영위하는 단 하나의 방법

그렇다면 어떻게 자발적 동기를 가질 수 있을까? 자발적 동기는 몇 가지 요소로 이뤄진다. 우선 그 일에 대한 긍정적 가치가 오롯이 내면화돼야 한다. 그것이 공부라면 공부가 좋은 일, 가치 있는 일, 즐겁고 행복한 일이라는 생각이 마음속에 자리 잡아야 한다. 이를 전문용어로는 '학습가치감'이라고 칭한다. 다시 말해 '공부는 매우 중요하다. 승진이나 합격이나 점수를 위해서가 아니라, 인생의 성장과 보다 나은 삶을 위해 대단히 중요하다'라는 믿음이 마음속에서 절로 우러나야 한다는 말이다.

또 자기효능감이라는 용어도 있다. 어려운 일이나 과제를 통해 원하는 성취와 성공을 반복해 거두고, 그 덕분에 자기 능력에 대한 믿음이 생기는 것이다. 학습에서의 자기효능감을 학습효능감이라고 한다. 반복된 학습을 통해 자신의 유능함을 체감하면 서서히 공부를 잘할 수 있다는 믿음이 내면에 자리하게 된다. 성취감과 보람은 다시 공부를 하고 싶은 마음을 키운다.

학습가치감, 학습효능감, 공부의 즐거움, 공부 몰입이 결합해 유기적으로 하나가 되면 자발적 학습 동기가 차츰 커진다. 이 숙련 과정을 잘 보호하기 위해서는 성취감이나 몰입, 긍정감 같은 정서적 충족도 중요하지만, 공부를 함으로써 얻는 약간의 외적 보상 역시 적절히 뒤따라야 한다. 외적 보상은 내가 통제할 수 있는 것이 좋다. 예를 들어 1시간 열심히 공부한 뒤 기분 좋게 샤워를 한다거나 좋아하는 아이스크림을 사먹는 등 자신이 통제할 수 있는 보상을 실시하는 것이 장기적으로 유익하다.

공부를 잘하기 위해서는 공부가 소중한 일이라는 사실을 있는 그대로 받아들이는 것이 가장 중요하다. 공부를 잘할 수 있는 능력을 갖추기 위해 매일 꾸준히 공부해야 하고, 공부 과정에서 지치지 않기 위해 재미와 몰입을 체험해야 한다. 이런 과정을 꾸준히 밟는다면 공부는 자연스러운 습관이 되고 아주 효과적으로 공부호르몬이 뇌에 장착될 수 있다.

부족한 공부 동기를 회복하기 위해 다양한 노력을 시도해보길 바란다. 무엇보다 자신에게 공부가 왜 필요한지에 대한 성찰이 선행

돼야 할 것이다. 대표적으로 글쓰기가 큰 도움이 될 수 있다. 우리는 상담실을 찾는 내담자들에게 다음과 같은 주제로 글을 쓰도록 했다.

- 인생에서 공부는 왜 필요한가?
- 나에게 공부는 무슨 의미인가?
- 나의 미래와 공부는 어떤 상관이 있는가?
- 공부를 통해 행복을 얻는 방법이 있을까?

내담자들은 글을 쓰는 과정에서 스스로 공부에 대한 관점을 되돌아보는 기회를 가지고, 자연스럽게 각자의 공부 동기를 납득하게 됐다. 글쓰기를 통한 학습 동기 제고가 무척 효과적이라는 사실을 확인할 수 있었다.

또 학습 및 독서와 관련해 자기 격려를 충분히 할 필요가 있다. 예를 들어 공부 전후에 자신에게 공부와 관련된 칭찬을 해보라. "오늘도 이런 공부를 했구나. 잘했어. 정말 대견해. 많은 것을 새로 알게 됐네"와 같이 자기 취향에 맞는 공부 칭찬의 말을 만들어보자.

마지막으로 혼자가 아니라 누군가와 함께 공부할 수 있다면 학습 동기가 더 높아질 수 있다. 뜻이 맞는 몇 사람과 함께 독서 모임을 만들거나, 인터넷이나 북 카페에서 나에게 맞는 독서 모임을 찾아보는 것도 좋다.

행복을 가져다주는
3D 독서법

책이 우리에게 주는 것

책은 우리에게 많은 것을 선사한다. 지혜, 깨달음, 감동, 즐거움, 위안, 치유, 회복력, 자신감, 자아의 발견 등 무척 다채롭고 풍부한 가치를 제공한다.

그런데 요즘은 책을 읽더라도 기형적인 방법으로 독서하는 사람이 많다. 다음과 같은 독서 원칙을 옳다고 믿는 사람이 많을 것이다.

- 빨리 읽어라. 그래야 더 많은 진리를 얻을 수 있다.
- 많이 읽어라. 그러면 남들보다 앞서고 성공할 수 있다.

• 성공하고 싶으면 한 가지 분야에 파고들어라. 독서도 한눈팔지 말고 한 분야에만 올인 해야 한다.

속독과 다독은 많은 사람이 실천하고 있는 독서법이다. 그런데 이런 원칙을 강박적으로 지키려다 보면 독서에 지쳐 영영 싫증을 느끼게 될 것이다. 독서는 반드시 즐거워야 한다. 꾸준한 독서로 책의 내용을 깊이 있게 이해할 수 있는 사람이 돼야 한다.

인생을 살아가는 데 많은 책이 필요하지는 않다. 좋은 책 몇 권으로도 충분히 빛나고 가치 있는 인생을 살아갈 수 있다. 생각의 배탈에 걸리지 않으려면 절제가 필요한 게 바로 독서다. 독서의 현자들이 말한 금언들을 하나씩 되짚으면 해답은 속독, 다독이 아니라 정독, 깊이 읽기임을 깨닫게 된다. 헤르만 헤세는 무조건 많이 읽는 독서를 오히려 비판했다. 그는 책을 신중히 골라야 하며 책에서 읽은 진리를 반드시 삶에서 실천해야 한다고 말했다.

적게 읽어도 좋다. 오래 읽지 않아도 좋다. 잠자리에 들기 전 하루에 단 세 페이지라도 읽고, 다음 날 전날 읽은 책의 내용을 떠올리는 정도면 충분하다. 이 소박한 실천만으로도 우리는 충분히 깨어 있을 수 있으며, 삶의 조타를 놓치지 않고 꿋꿋하게 앞으로 나아갈 수 있다.

깊이, 기쁘게, 다채롭게 읽기

우리는 좀 더 효과적인 독서를 위해 '3D 독서법'을 만들어 권장하고 있다. 3D 독서법의 원칙과 구성은 다음과 같다.

- 깊이 읽기|Deep Reading
- 기쁘게 읽기|Delight Reading
- 다채롭게 읽기|Diversity Reading

첫째, 깊이 읽어야 한다. 자신의 읽기 능력에서 벗어나지 않는 속도로 가급적 천천히 읽자. 그러다 보면 읽는 속도가 조금씩 빨라지게 된다. 독서의 폭도 넓어지고 읽은 책의 양도 조금씩 늘 것이다. 애써 속도를 높이려고 하지 말자. 속독은 정독에 비해 놓치는 것이 많을 수밖에 없다. 조금 더 깊이 읽으려고 노력해보자. 책을 읽으며 필요한 부분은 메모하는 습관을 들이자. 메모했던 내용을 다시 상기하는 리리딩 방법도 좋다.

둘째, 기쁘게 읽어야 한다. 독서 자체의 즐거움에 취하라는 말이다. 억지로, 누군가를 위해서, 혹은 지적인 대화를 위해 읽지 마라. 우리의 공부호르몬이 증발한 이유는 독서의 기쁨을 상실했기 때문이다. 다시 독서의 기쁨을 회복하려면 치유제가 될 만한 독서가 필요하다. 가장 쉬운 방법은 어린이들을 위한 명작을 찾아보는 것이다. 다음은 일본 작가 미우라 슈몬이 추천하는 청소년이 읽으면 좋은 세계 명작 목록이다.

1 《15소년 표류기》, 쥘 베른, 프랑스

2 《빨강 머리 앤》, 루시 모드 몽고메리, 캐나다

3 《톰 아저씨의 오두막집》, 헤리엇 비처 스토, 미국

4 《플랜더스의 개》, 위다, 영국

5 《어린 왕자》, 생텍쥐페리, 프랑스

6 《안네의 일기》, 안네 프랑크, 독일

7 《도련님》, 나쓰메 소세키, 일본

8 《홍당무》, 쥘 르나르, 프랑스

9 《톰 소여의 모험》, 마크 트웨인, 미국

10. 《삼총사》, 알렉상드르 뒤마, 프랑스

11 《스물네 개의 눈동자》, 쓰보이 사카에, 일본

12 《피노키오》, 카를로 콜로디, 이탈리아

13 《로빈슨 크루소》, 대니얼 디포, 영국

14 《파랑새》, 모리스 마테를링크, 벨기에

15 《소공자》, 프랜시스 버넷, 영국

16 《파도 소리》, 미시마 유키오, 일본

17 《황야의 부르짖음》, 잭 런던, 미국

18 《피터팬》, 제임스 매튜 배리, 영국

19 《은하철도의 밤》, 미야자와 겐지, 일본

20 《보물섬》, 로버트 루이스 스티븐슨, 영국

21 《그림 동화》, 그림 형제, 독일

22 《논짱 구름을 타다》, 이시이 모모코, 일본

23 《이상한 나라의 앨리스》, 루이스 캐럴, 영국

24 《작은 아씨들》, 루이자 메이 알코트, 미국

25 《버마의 하프》, 다케야마 미치오, 일본

26 《안데르센 동화집》, 안데르센, 덴마크

마지막으로 무지개처럼 다채로운 독서를 하자. 다독을 하라는 말이 아니다. 다양한 종류의 책을 접해야 한다는 의미다. 전문 지식을 배울 수 있는 서적도 좋지만 문학작품도 중요하다. 자신이 임하는 전공 분야와 관련된 독서는 절반이 넘지 않게 하는 것이 바람직하다. 시, 소설, 에세이, 고전과 현대 작품의 조화, 각국의 문학작품을 고루 읽어보자. 독서에서도 일과 삶의 균형을 고려하는 셈이다. 철학, 문학, 심리학, 사회학, 경제학, 정치학, 자연과학, 공학 입문서 등 우리가 볼 수 있는 책의 종류는 무한에 가깝다. 다만 각 분야의 석학이나 전문가가 쓴, 믿을 만한 추천 도서부터 읽는 것이 바람직하다.

4장

공부호르몬 깨우기 3단계
: Body, 공부체질을 만드는 비밀

일과 사랑, 인간관계, 공부와 지적 경험, 여행 등 어떤 일이든 제대로 된 결과
를 얻으려면 건강이 뒷받침돼야만 한다. 아무리 일을 잘해도, 큰 사랑을 주고
받아도, 많은 학식을 쌓아도 건강을 지키지 못한다면 이는 사상누각에 지나
지 않는다.

공부를 잘하는 몸이
따로 있다

몸을 망치면 공부도 할 수 없다

50대 초반의 대기업 간부 오 이사는 정기 건강검진 결과 대사 증후
군으로 확인됐다. 대사 증후군은 비만, 고혈압, 당뇨병, 고지혈증, 심
혈관 질환 등이 여러 개 공존하는 질병을 말한다. 20년 가까이 잦은
음주와 회식, 불규칙한 생활 습관을 멈출 수 없었던 그에게 대사 증
후군은 어쩌면 당연한 결과였다. 담당 의사는 치료가 시급하다고
말했다.

대사 증후군에 걸리면 당뇨나 심혈관 질환에 걸릴 위험이
2배 이상 상승한다. 몸속에 누적된 지방조직이 인슐린 저항성Insulin

Resistance을 높여 체내에 더 많은 인슐린이 분비되게 만들고, 그로 인해 각종 만성질환이 생기기 때문이다.

오 이사는 이렇게 몸이 망가져가는 데도 일주일에 2~3권 가까이 책을 읽고 있었다. 하지만 책에 집중할 수 있는 시간은 점점 줄었고, 노안까지 겹쳐 조금만 읽어도 두통이 심했다. 게다가 기억력이 예전 같지 않아서 읽은 내용을 떠올리기가 쉽지 않았다. 그는 자꾸만 자신이 예전 같지 않다고 말했다. 어느 순간 무능력한 사람이 되고 말았다며 괴로워했다. 그런데도 그는 꾸역꾸역 일주일에 10시간 가까이 책을 읽었다.

자신의 일이나 공부를 등한시하고 책임감 없이 사는 것도 문제겠지만, 일과 공부에 자신을 온통 내던지는 삶 역시 위험하다. 우리 사회 여기저기서 일과 공부에 전력을 다하라는 충고가 들려온다. 그래서 치열한 경쟁에 혹사당하는, 아니 스스로를 혹사하는 사람들이 넘쳐난다. 하지만 그런 삶을 끝까지 버틸 수 있는 사람은 없다.

인간은 유기체다. 마음은 뇌의 작동에 의해 생기고 뇌는 몸의 보호를 받는다. 몸을 망치면 뇌도, 마음도 제대로 작동할 수 없다. 건강한 마음은 활력 넘치는 뇌가, 성능 좋은 뇌는 건강한 몸이 보장한다. 누구도 생로병사의 순환을 피해갈 수 없다. 그 순환을 좀 더 능숙하게 관리하고 조화롭게 대처하는 거시적 안목이 필요하다.

일과 삶의 균형이 필요한 것도 이 때문이다. 인간은 기계가 아니다. 휴식과 여가, 인간관계, 그리고 심리적 안정이 조화롭게 뒤따를 때 인간은 비로소 지속 가능한 작업 효율을 얻을 수 있다. 건강을 잃으면 일도 공부도 잘할 수 없다.

오 이사에게는 가장 먼저 운동과 휴식, 수면 시간을 늘려야 한다는 사실을 알리고 책 읽기를 당분간 쉬라고 조언했다. 처음에 그는 이 조언을 받아들이려고 하지 않았다.

오 이사는 늘 이렇게 살았다고 했다. 옆이나 뒤는 돌아보지 않고, 폭주 기관차처럼 달려온 그는 한국의 전형적인 기성세대 가운데 한 명이었다. 누구든지 젊을 때는 몸의 항상성이 잘 유지돼 질병이 찾아올 가능성이 낮다. 문제는 이 항상성이 약해지는 40대 후반부터다. 이때부터는 피로가 좀처럼 회복되지 않고 집중력이나 체력도 떨어지며 매사 쉽게 지친다. 게다가 질병에 대한 저항력도 급격히 떨어지기에 몸을 지키려는 신체적, 정신적, 일상적 노력이 반드시 필요하다.

건강한 몸이 주는 긍정 효과

현대사회는 100세 시대다. 많은 사람이 100세 가까이, 혹은 그 이상 살게 될 것이다. 그러나 장수의 양상은 사람마다 다르다. 장수의 질이 문제가 되는 것이다. 어떤 이는 오래 살더라도 병에 지속적으로 시달리고, 어떤 이는 질병이나 건강 문제 없이 장수할 것이다.

과거에는 결핵이나 장염 같은 질병이 사망 원인의 상단을 차지했다. 그러나 지금은 심근경색, 뇌출혈, 암 등이 사망의 주요 원인이다. 이런 질병은 모두 예방 가능하거나 발병 시기를 최대 수십 년 이상 늦출 수 있는 질병이다.

일과 사랑, 인간관계, 공부와 지적 경험, 여행 등 어떤 일이든 제대로 된 결과를 얻으려면 건강이 뒷받침돼야만 한다. 아무리 일을 잘해도, 큰 사랑을 주고받아도, 많은 학식을 쌓아도 건강을 지키지 못한다면 이는 사상누각에 지나지 않는다.

단기적인 성과 면에서도 건강한 몸과 활력적인 뇌를 만드는 일은 더 큰, 더 뛰어난 성취를 보장한다. 그래서 삶의 중심에 건강한 삶, 뇌의 활력을 채우는 일상, 마음의 평정을 도모하는 실천이 채워져야 하는 것이다.

오 이사는 상담 후 운동을 시작했다. 거의 매일 달리기를 했다. 처음에는 억지로 시작한 운동과 휴식이 그에게 많은 변화를 가져다줬다. 3개월 정도 지나자 안색부터 달라졌다. 얼굴에 윤기가 돌고 혈색도 몰라보게 좋아졌다. 몸이 변하고 공부와 일, 일상이 차츰 변하면서 그는 지금까지 지켜온 삶의 관점마저 바꾸기에 이르렀다.

6개월 만에 체중을 10kg 이상 뺀 오 이사는 현재 제2의 인생을 시작하고 있다. 그가 가장 반가워하는 일은 독서 능력을 되찾은 것이다. 오 이사의 뇌에는 다시 공부호르몬이 샘솟고 있다. 전보다 적은 시간 동안 책을 읽는 데도 오히려 독서량이 늘었다. 게다가 예전처럼 제대로 읽는 느낌이라고 했다. 그는 조금 더 쉬고 조금 더 운동하고 조금 더 뇌 휴식을 생각했더니 일이나 공부를 더 잘할 수 있게 됐다며 극적인 변화에 감동하고 있다. 그 감동은 다시 일과 삶의 균형, 적절한 운동과 휴식, 따뜻한 인간관계로 이어졌다. 이제 그는 건강한 몸을 삶의 1순위로 여긴다.

건강도 공부해야 한다

건강 마인드는 충동적이고 일시적인 결심만으로는 구축하기 어렵다. 건강 마인드를 다지기 위해서는 다시 건강을 배우고, 그에 따른 실천을 하나씩 따르는 일부터 시작해야 한다. 그래서 공부호르몬을 만드는 계획에 건강 공부도 반드시 포함돼야만 한다. 이는 건강과 안전을 좀 더 체계적으로 배우는 것을 의미한다.

세계보건기구WHO는 1948년 4월 7일에 발표한 보건헌장A Magna Carta For World Health에서 "건강이란 단순히 질병이 없고 허약하지 않은 상태만을 의미하는 것이 아니라 육체적·정신적 및 사회적으로 완전한 상태를 말한다"고 선언한 바 있다. 이후 1998년 1월 101차 세계보건기구 집행이사회에서 결의하고, 5월에 열린 세계보건기구 본회의에서 승인한 정의는 이보다 더욱 심화됐다. 이 회의에서 "건강이란 질병이 없거나 허약하지 않을 뿐만 아니라 육체적·정신적·사회적 및 영적 안녕이 역동적이며 완전한 상태"라고 정의했다.

　건강한 삶을 꿈꾸는가? 건강하고 활력이 넘치면서도 질병으로부터 자유로운 육체적 건강, 우울증이나 불안장애 등 심한 스트레스로부터 벗어난 정신적 건강, 여러 가지 사회관계와 인간관계가 온전히 유지되는 사회적 건강, 그리고 영적으로 건강한 상태를 유지하는 것을 모두 충족해야 진짜 건강한 삶이다.

왜 공부할 때마다
초콜릿이 당길까?

단것을 좋아하는 본능

평소 머리를 많이 쓰는 사람들은 단 음식을 입에 달고 사는 경우가
많다. 심지어 단맛에 중독된 사람도 흔하다. 다른 동물에 비해 지나
치게 큰 뇌를 가진 인간에게 꼭 필요한 것이 뇌의 연료가 되는 포도
당이기 때문이다. 뇌는 오직 포도당만을 에너지로 움직이는 기관이
므로 몸에 포도당을 빠르게 제공하는 음식을 선호한다. 그 때문에
인간은 단맛을 선호하는 유전자를 강화해왔다.

단맛을 선호하는 입맛은 인간의 본성에 가깝다. 우리 몸 전체가
단맛을 추적하고, 단맛에 몰두하고, 단맛에 중독되기 쉬운 특성으로

진화해왔다. 하지만 현대사회에서 이 특성은 인간의 약점이 되고 말았다. 탄수화물과 당질 음식이 넘쳐나는 환경은 건강을 해치는 가장 큰 위험 요인이 됐다. 특히 한국인들은 유독 단맛에 지나칠 정도로 호의적이다. 단맛에 한해서는 거의 무방비 상태라고 하는 편이 맞을 것이다. 우리 사회는 단맛을 권하고 단맛을 추구하는 입맛을 크게 나무라지 않는다.

문제는 너무 많은 단맛을 섭취할 때 생긴다. 현대사회에는 탄수화물 음식과 설탕을 구하는 일이 무척이나 쉽다. 뇌는 반색할 일이지만, 우리 몸에는 치명적인 위협이다. 다음 표를 보고 자신이 단맛에 중독돼 있는지 스스로 진단해보자.

■ 단맛 중독 체크리스트

문항	YES	NO
1 하루라도 과자, 빵, 인스턴트 커피 등 단 음식을 안 먹으면 집중이 안 되고 일을 할 수가 없다.	☐	☐
2 스트레스를 받으면 초콜릿, 과자 등 단것을 먹어야 해소된다.	☐	☐
3 예전과 비슷한 수준으로 단것을 먹고 있지만 만족스럽지 않다.	☐	☐
4 습관적으로 단 음식을 찾거나, 옆에 단 음식이 있으면 배가 불러도 꼭 먹는다.	☐	☐
5 빵, 떡, 면 등을 한번 먹기 시작하면 남기지 않고 배부를 때까지 먹는다.	☐	☐

6 주위 사람이 "단 음식을 너무 많이 먹는다"고 지적거나, 스스로 군것질을 많이 한다는 자책감을 느낀 적 있다.	☐	☐
7 항상 다이어트를 하지만 살이 금세 다시 찐다.	☐	☐

위의 체크리스트에서 3개 이상 항목에 해당되면 단맛 중독이라고 볼 수 있다. 단맛에 과도하게 집착하거나 탄수화물을 과잉 섭취하면 몸 안의 혈당 조절 시스템이 망가진다. 혈액에 필요 이상의 인슐린과 혈당이 돌아다니면서 갈수록 인슐린 저항성이 악화되는 까닭이다. 이는 고혈압과 당뇨병, 고지혈증 등 치명적인 성인병의 원인이 된다.

끝나지 않는 고리, 단맛 중독

탄수화물과 단맛에 치우친 식사는 건강 자체에도 위해 요인이지만, 공부나 일 또한 심각하게 방해한다. 바로 혈당 롤링 현상 때문이다. 정제된 탄수화물이나 당이 풍부한 음식을 지나치게 많이 섭취하면 우리 몸은 혈당을 낮추기 위해 인슐린 호르몬을 더 많이 또 빠르게 분비한다. 일시적인 고혈당 상태는 심리적 만족감을 주고 뇌 기능도 급격히 높이지만, 이 역시 인슐린 과잉 분비로 이어지면서 매우 짧게 지속될 뿐이다. 인슐린이 필요 이상으로 빠르게 분비되면 일시적으로 혈액 내 혈당이 사라지면서 저혈당 상태에 빠지고 만다.

이 저혈당 상태는 우리 뇌가 가장 불안을 느끼는 대상이다. 저혈당 상태가 되면 뇌는 몸과 뇌의 각성 상태를 유지시키는 교감신경계를 흥분시킨다. 심신이 비상사태에 돌입하는 것이다. 불안해진 뇌는 저혈당을 벗어나기 위해 탄수화물이나 단 음식을 강력히 갈망한다. 그 결과 우리는 음식 생각, 음식 충동에 사로잡히게 된다. 이렇게 끊임없이 탄수화물을 과잉 섭취하는 악순환이 만들어진다.

■ 혈당 롤링 현상

고혈당지수 음식·탄수화물 과다 섭취 → 인슐린 과잉 분비 → 평균보다 낮은 혈당 경험 → 불안과 스트레스 유발 → 자율신경계 긴장 → 고혈당지수 음식·탄수화물 섭취 갈망 → 고혈당지수 음식·탄수화물 과다 섭취

혈당 롤링이 심해 교란 상태에 빠진 몸과 뇌는 공부도, 일도, 인간관계도 모두 다 잘할 수 없다. 이는 마약 중독에 버금가는 강력한 의존성을 가지는 중독 문제로 전환되기도 한다. 탄수화물과 단맛 위주의 당질 식사 악순환에 빠지면 우리는 공부를 위해, 주어진 일을 해내기 위해 끊임없이 달고 탄수화물이 풍부한 음식을 먹어야 하는 '탄수화물의 노예'가 된다. 혈당 롤링 파도에 휩쓸리기 시작하면 심

신이 온통 혈당 올리기에 급급하면서 정작 공부나 일에 제대로 집중하지 못하게 되는 것이다.

탄수화물의 덫에서 벗어나라

공부호르몬을 활성화하려면 무엇보다도 탄수화물과 그로 인해 유발되는 혈당 롤링 현상을 극복해야 한다. 탄수화물 섭취 제한은 공부호르몬을 다시 깨우는 가장 중요한 실천이 될 것이다.

탄수화물은 한국인이 섭취하는 영양소 중 60%를 차지한다. 영양학적으로도 건강과 생존을 위해 없어서는 안 될 중대 영양소다. 그러나 극도로 조심해서 다루고 섭취해야 하는 영양소이기도 하다. 탄수화물을 과다 섭취하면 지방세포가 축적돼 우리 몸에 지속적으로 염증을 일으키고 비만으로 이어지기 쉽다. 지속적인 염증 반응은 각종 암으로 이어지는 주된 원인이기도 하다. 따라서 자궁암이나 유방암 발병률을 현저하게 높인다. 저탄수화물식을 한 사람이 고탄수화물식을 한 사람보다 암에 걸릴 확률이 상대적으로 낮다는 연구 결과도 있다.

비만은 일반적으로 생각하는 것처럼 지방이나 단백질의 과잉 섭취 때문에 생기는 질병이 아니다. 비만의 주원인은 탄수화물의 과잉 섭취 때문이다. 탄수화물은 대사 과정에서 쉽게 지방으로 변하고 체내에 지방세포로 축적된다. 내장에 필요 이상으로 축적된 지방세포는 건강에 치명적이다. 내장 비만은 고혈압, 당뇨, 고지혈증, 지방간 등의 인슐린 저항성 질환과 함께 유방암, 자궁암, 대장암, 전립선암과 같은 비만 관련 암을 일으키는 주범이다.

탄수화물 중독의 금단증상은 다양하며 심각한 신체 반응을 일으킨다. 가슴 압박감과 두근거림, 답답함과 숨 막힘, 뒷목 뻣뻣함, 두통, 어지러움, 입 마름, 소화 장애, 진땀, 열감 등 견디기 힘든 신체 반응과 우울감, 허망함, 무기력증, 흥미 상실, 후회, 불안감, 초조함 등 다양한 부정적 심리 증상이 나타난다. 막대한 쾌감과 심한 금단 증상, 이 두 가지가 탄수화물 위주 식사에서 벗어날 수 없도록 올가미를 씌우는 것이다. 그러는 사이 우리는 점점 더 공부를 못하는 사람, 일을 못하는 사람이 되고 만다.

당신은 지금 탄수화물 중독 상태인가? 그렇다면 탄수화물 섭취를 절반 이상 줄여야만 당신이 가지고 있던 저효율의 몸과 마음, 뇌의 심각성을 깨닫게 될 것이다. 누구나 탄수화물 중심 식사에서 벗어나 아무 문제없이 자신의 공부와 일을 수행할 수 있다. 공부를 잘하고 싶다면, 안정적인 학습 능력을 유지하고 싶다면, 또 나아가 건강하게 100세까지 살고 싶다면 탄수화물의 덫에서 벗어나려는 노력이 필요하다.

머리를 깨우는
탄수화물 사용법

밀가루가 없는 식탁

요즘 일본에서는 당질 제한 식사법이 선풍적인 인기를 끌고 있다.
이는 지방이 비만의 주범이 아니라는 주장과 함께 우리가 알고 있는
영양에 대한 고정관념을 완전히 깨뜨리는 의학적 판단과 증명에서
시작됐다. 일본의 의사 나쓰이 마코토가 제안하는 소위 슈퍼 당질
제한 식사법은 다음과 같다.

━ 슈퍼 당질 제한 식사법
- 쌀, 밀로 만든 면이나 빵은 원칙적으로 먹지 않는다.

- 현미도 혈당을 높이므로 피한다.
- 설탕이 들어간 것, 설탕이 양념으로 사용된 것은 먹지 않는다.
- 고기, 어류, 달걀, 야채는 먹어도 괜찮다.
- 뿌리채소류, 감자, 고구마, 당근, 연근 등은 당질이 많으므로 먹지 않는 것이 좋다.
- 버섯류, 해조류는 먹어도 괜찮다.
- 과당이 많은 과일 역시 많이 먹지 않는 것이 좋다.
- 과자, 스낵류를 먹어서는 안 된다.

슈퍼 당질 제한 식사법은 이와 같은 식사 원칙을 아침, 점심, 저녁 모두 철저하게 지키는 것이다. 많은 사람이 놀랄 만한 원칙인데 당질 제한 식사 실천자들은 긍정적인 효과를 끊임없이 보고한다.

이런 식사법을 유지하기란 절대 쉬운 일이 아니다. 극도로 탄수화물을 배제하면 다양한 신체적·심리적 증상들이 나타나기 때문이다. 특히 탄수화물 섭취가 크게 부족할 때 생기는 저혈당 현상과 그로 인한 두통, 어지러움은 견디기 어렵다. 하지만 실제 건강에는 아무런 지장이 없는 증상들이다.

전문가들도 슈퍼 당질 제한은 무척 많은 어려움이 따르는 일이라고 말한다. 그래서 하루에 당질 식사를 한 차례나 두 차례만 허용하는 '스탠더드 당질 제한'이나 '쁘띠 당질 제한'식사를 권장한다. 게

다가 여전히 당질 제한 식사의 안정성을 의심하는 연구도 상당수 존재한다.

하지만 명심할 점은 탄수화물을 식사의 절반 이상으로 채우는 것은 결코 바람직하지 않다는 것이다. 특히 한국인을 비롯한 아시아인에게 그렇다. 아시아인의 췌장 기능이 서양인에 비해 약하기 때문이다. 정확하게 말해 서양인에 비해 인슐린 분비 능력이 크게 떨어진다. 한국인이 밥, 빵, 면으로 대변되는 고당질 식사를 계속하면 연약한 췌장이 훼손될 뿐만 아니라, 혈당 롤링 현상으로 인해 작업 능력또한 떨어지게 된다.

공부호르몬을 완성하는 식사

그렇다면 공부호르몬 완성을 위해 구체적으로 무엇을 어떻게 먹어야 할까? 세상에는 셀 수 없을 정도로 많은 음식과 식재료가 있다. 기본적으로 쌀밥, 밀가루 음식, 설탕으로 만든 식품에 비해 감자나 고구마는 비교적 건강한 식재료에 해당된다. 그런데 이 두 식품에도 눈에 띄는 차이가 있다. 바로 혈당지수다. 혈당지수란 음식물에 함유돼 있는 탄수화물이 혈당을 높이는 속도를 수치화한 것이다. 포도당 100g을 먹었을 때 혈당 상승을 100이라고 하고, 다른 음식

100g이 가져오는 혈당 상승을 숫자로 표시한다. 식이섬유 100%는 혈당지수가 0이며, 설탕의 혈당지수가 가장 높다.

현미 대 흰쌀밥, 감자 대 고구마. 어떤 음식의 혈당지수가 더 높을까? 현미와 흰쌀밥은 어렵지 않게 맞추겠지만, 고구마와 감자에서는 답이 반반으로 갈린다. 현미와 흰쌀밥의 경우 혈당지수는 당연히 흰쌀밥이 훨씬 높다. 반면 더 달기 때문에 높을 것이라고 생각되는 고구마의 혈당지수는 오히려 감자보다 눈에 띄게 낮다.

일일이 혈당지수를 외울 수 없다면 한 가지 규칙을 알고 있으면 좋다. 혈당지수가 낮은, 즉 건강에 좋은 탄수화물일수록 색깔이 검고 식감은 거칠다. 탄수화물을 정제할수록 혈당지수가 높아지는데, 보통 탄수화물이 정제되는 과정에서 섬유질을 잃고 부드러워지기 때문이다.

건강한 식습관을 지키기 위해서는 질기고 덜 하얀 음식을 먹는 것이 좋다. 질긴 음식에는 섬유질이 풍부하다. 각종 채소, 배아가 살아 있는 곡류, 통째로 먹는 과일 등은 이런 미덕을 갖춘 음식이다. 양배추는 비교적 색이 하얀 편이지만 섬유질이 풍부한 채소다. 익히지 않은 양배추를 스무 번 이상 천천히 씹어보자. 신선하고 달콤한 천연 감미를 느낄 수 있을 것이다. 그뿐만 아니라 양배추처럼 조직이 단단한 채소를 오래 씹으면 비만과 치매를 예방할 수 있다.

암기력과 집중력을 높이는
7가지 특급 처방

1 비만이나 내장 비만이 있는 사람, 가족력 중에 당뇨병이 있는 사람, 고혈압이나 고지혈증, 지방간 등 대사성 증후군 소질이 있는 사람, 과도한 흡연이나 음주 등 인슐린 저항성을 높이는 생활 습관을 가진 사람은 반드시 정기적으로 혈당과 당화혈색소를 체크해야 한다. 이에 문제가 생기면 마치 장애가 생기는 것처럼 췌장 기능이 영구적으로 상실될 수 있기 때문이다.

2 인슐린 성능을 향상시키는 유산소운동을 규칙적으로 실시해야 한다. 일주일에 3회 이상, 1회에 30분 이상 운동하자. 운동의 강도는 약간 땀이 나거나 숨찰 정도가 적당하다.

3 인슐린 저항성 개선을 위해서는 과음, 흡연, 스트레스를 반드시 막아야 한다. 특히 담배와 술은 췌장에 염증을 일으켜 인슐린 분비세포의 기능을 급격히 떨어뜨린다.

4 인슐린 저항성의 바로미터는 허리둘레다. 내장 지방이 쌓이면 쌓일수록 인슐린은 고장 날 확률이 높아진다. 남성의 허리둘레는 33인치 이하, 여성의 허리둘레는 31인치 이하로 유지해야 한다.

5 성인은 10g, 아동은 5g 이하로 하루 설탕 섭취를 제한해야 한다. 또 성인은 하루 물 섭취를 2*l*까지 늘려야 한다. 간식은 인스턴트 음식보다 당근, 브로콜리, 오이 등 채소나 껍질째 먹는 과일로 전환한다.

6 평소 식단 목록에서 정제된 탄수화물을 줄이고 대신 섬유질이 풍부한 저항성 탄수화물 비율을 높인다. 각종 가공 음식은 피하는 것이 바람직하다. 아이스크림, 케이크, 초콜릿 등 당 지수가 높은 음식을 삼가고 설탕이나 시럽, 액상 과당의 사용량과 섭취량을 제한한다. 흰쌀밥을 현미잡곡밥으로 바꾸고 자주 먹는 면 음식의 재료를 정제되지 않은 곡류로 바꾸자. 빵 역시 통밀빵이나 잡곡빵으로 바꾸는 것이 좋다.

7 탄수화물이 거의 포함되지 않은 채소, 견과류, 키위, 레몬, 고구마, 두부, 다시마, 미역, 시금치 등으로 식단을 구성한다. 단맛에 대한 욕구를 충족하기 위해 제한적으로 과일을 먹되, 당지수가 높은 속만 먹지 말고 껍질까지 섭취하는 것이 좋다.

자는 동안 복습되는
마법의 수면법

잠은 또 하나의 학습이다

대한민국은 불면에 시달리고 있다. 한국인의 평균 수면 시간은 6시간 36분으로 OECD 국가 가운데 가장 짧다. 우리뿐 아니라 전 세계적으로 수면 시간이 계속 줄고 있다. 요즘 아이들은 20년 전 아이들에 비해 수면 시간이 1시간 이상 줄었다. 아이들이 전에 없이 정서불안, ADHD, 비만에 시달리는 주된 원인은 수면 부족 때문이다.

사실 수면 시간을 줄여서라도 공부 시간을 벌겠다는 생각은 매우 어리석은 판단이다. 잠을 잘 때 뇌가 더 열심히 공부하기 때문이다. 우리의 뇌신경망은 낮에 배웠던 내용을 복습하기 위해 밤에 기억을 다시 끄집어내고 반복해 재연한다. 또한 필요한 사항을 장기 기억으로 집어넣고, 불필요한 기억은 깨끗이 정리한다. 이 과정 없이는 온전한 학습이 불가능하다. 낮에 아무리 열심히 공부해도 잠을 푹 자지 않는다면 허사인 것이다. 잠은 또 하나의 학습이며 기억을 더 정교하게 만들어가는 과정이다. 특히 학습을 꾸준히 이어가기 위해서는 불필요한 기억을 그때그때 제거해 건강한 뇌신경망을 유지해야 한다. 이를 위해 충분한 수면이 필수적이다.

수면의 질을 높이려면 무엇보다 일상생활 관리가 중요하다. 자기 전에 격렬한 언쟁을 벌인다거나 과도한 운동을 하는 등의 자극은 편안한 수면을 방해한다. 늦은 시간까지 TV를 보거나 컴퓨터를 하는 대신, 책을 읽고 편안한 음악을 듣거나 글을 쓰면 뇌가 더 빨리 진정된다. 밤마다 일기를 쓰거나 시 몇 편을 읽어보자. 이는 최고의 수면제가 될 것이다. 족욕이나 반신욕도 좋은 방법이다. 그리고 잠들기 3시간 전에는 음식물을 섭취하지 않는 것이 바람직하다. 자는 동안 우리의 위 기능은 거의 정지되기 때문에 음식물을 위에 채우고 자는 것은 숙면에 불리하다. 하지만 멜라토닌 분비를 촉진하는 단백질 식품을 소량 섭취하는 것은 숙면에 도움이 된다.

동물이든 사람이든 숙면은 건강과 장수의 결정 인자다. 수명이 25년 정도인 야생의 얼룩말들은 하루 3시간 이상 자지 못한다. 이조차도 앉거나 누워서가 아니라 서서 잔다. 사자 같은 맹수에게 잡아

166

먹히지 않기 위해 그렇게 진화한 것이다. 반면 같은 종이라도 비교적 편안하게 잠을 자는 말의 수명은 30년 정도이며, 때로 60년 가까이 생존하기도 한다. 만약 사람이 잠을 충분히 자지 않고 계속 깨어 있다면 노화 속도는 상상할 수 없을 정도로 빠를 것이다.

'인간은 왜 자는 걸까'라는 질문은 '사계절은 왜 있을까? 낮과 밤은 왜 있을까? 수컷과 암컷은 왜 있을까?'와 같은 질문과 별반 다르지 않다. 잠을 자고 깨는 활동은 생명의 순환과 관련된 현상이다. 모든 생명체에게는 순환과 주기, 리듬의 반복이 존재한다. 인간에게 가장 중요한 생체리듬이 바로 잠을 자고 깨는 활동의 반복이다. 따라서 내 몸이 원하는 만큼 제대로 자는 것이 중요하다.

뇌는 깨어 있는 동안 쉼 없이 움직인다. 또 잠을 자는 동안 가장 편하게 쉬는 신체 기관이다. 요즘 같은 정보사회에서 뇌는 연일 과부하에 시달리며 혹사당하고 있다. 그래서 현대인에게는 생각의 양을 줄이려는 다양한 시도가 필요하다. 숙면을 취하는 것은 그중 가장 효과적인 방법이다.

뇌에 충분한 휴식을 주기 위해서는 잠을 8시간 이상 자는 것이 좋다. 8시간 이상 숙면이 불가능하다면 지금보다 1시간만이라도 수면 시간을 늘려보자. 조금 더 잔다고 남들보다 절대 뒤처지지 않는다. 자는 시간을 조금 늘릴 수 있다면 깨어 있는 나머지 시간에 훨씬 더 열정적이고 효율적으로 임할 수 있을 것이다.

일찍 자고 일찍 일어날 필요 없다

많은 부모가 아이들에게 일찍 자고 일찍 일어나라고 말한다. 하지만 아이들은, 특히 청소년은 늦게 자고 늦게 일어나는 것이 생리적으로 적합하다. 심장 등 신체 내부 기관의 온도, 즉 심부 체온이 내려가야 잠이 오는데 청소년의 경우 심부 체온이 새벽녘에야 내려가기 때문이다. 물론 평균적인 성인이라면 일찍 자고 일찍 일어나는 것이 건강에 좋다.

한때 '아침형 인간'의 생활 리듬이 유행처럼 번진 적 있었다. 일찍 자고 일찍 일어나는 습관이 성공에 유리하다는 이론이다. 하지만 올빼미형 인간도 있다. 올빼미형의 뇌는 저녁 10시에서 12시 사이에 가장 활성화된다. 정해진 수면 시각이 따로 존재하는 것이 아닌 셈이다. 영국 러프러버대학의 심리학 교수인 짐 혼은 아침형 인간과 올빼미형 인간에 대해 다음과 같이 말한다.

"아침형 인간은 논리적인 면이 매우 강하다. 공무원이나 회계사 등이 이에 속한다. 반면 올빼미형 중에는 시인, 발명가, 예술가 등이 많고 창의적인 면이 강하다."

불면증에 시달리는 사람은 잠을 자기 위해 갖은 방법을 동원한다. 평화로운 음악 듣기부터 수면제 복용까지 수단과 방법을 가리지 않고 잠을 자기 위해 노력한다. 하지만 잠이 오지 않는데 억지로 자려고 애쓰는 일은 오히려 해롭다. 스트레스를 불러오기 때문이다. 억지로 잠을 청하는 일이 반복되면 수면의 질은 더욱 나빠진다. 나쁜 수면 습관이 고착화되면 그로 인한 부작용에 시달릴 수밖에 없다.

우리 몸에는 저마다 정밀한 생체 시계가 존재한다. 잠을 자지 않고 버틸 수 있는 몸은 없다. 불과 24시간 정도만 깨 있어도 몸과 뇌, 마음은 잠을 자기 위해 온갖 시위를 벌인다.

밤에 잠이 오지 않으면 자지 않아도 좋다. 대신 절대로 낮잠을 자서는 안 된다. 수면 장애나 불면증으로 병원을 찾는 사람 중 상당수는 밤에 잠을 못 자는 대신 낮 동안 비정상적일 정도로 긴 낮잠에 빠지거나 깜빡깜빡 졸 때가 많다고 호소한다. 낮에 자면 누구라도 밤에 숙면을 취하기 어렵다. 1시간 낮잠은 8시간 밤잠을 대체하는 효과가 있다고 한다. 그러므로 수면의 질을 높이려면 가급적 낮잠을 자지 않는 편이 좋다. 도저히 견디기 힘들 때라도 낮잠 자는 시간이 30분을 넘지 않도록 하자.

해가 뜨면 몸도 깨어난다

보통 아침 기상 시간보다 저녁 취침 시간을 정해놓는 사람이 많다. 대부분 잠드는 시간에 중점을 맞추기 때문이다. 하지만 취침 시간을 지키는 일보다 기상 시간을 철저히 지키는 습관이 훨씬 더 중요하다.

인간은 유전적으로 아침 기상 시간에 생체 시계가 맞춰져 있다. 생체 시계는 태양이 뜨고 지는 것에 맞춰 돌아가기 때문이다. 그런데 전등이 발명된 후부터 현대인의 생체 시계는 대혼란을 겪게 됐다. 밤이 낮만큼 밝아지자 인간의 몸은 해가 진 줄도 모르고 여전히 각성 상태에 놓여 있게 된 것이다. 그렇게 늦게 자고 불규칙하게 일어나는 습관이 굳어졌다. 이제부터 해가 뜨면 자연스레 기상하는 습관을 길러보자. 내 몸의 생체 시계를 제자리로 돌리는 가장 현명한 방법이다.

그렇다고 아무 때나 자라는 이야기가 아니다. 잠을 자는 시간을 대략적으로 정해놓고, 그 시간에는 다른 일을 접어둔 채 잠드는 데 도움이 되는 독서나 글쓰기, 음악 감상 같은 일을 하는 것이 좋다.

몸의 리듬에 따라 피곤할 때 잠자리에 드는 게 좋다. 그리고 자명종이나 알람을 이용해 일어나는 시간을 일정하게 유지하는 것이 더욱 바람직하다. 잠든 후 2~3번의 깊은 수면에 빠지면 몸의 피로는 거의 회복된다. 그러니 자는 시간이 조금 줄어도, 조금 일찍 일어나도 큰 문제는 생기지 않는다. 기상 시간을 정해 생체리듬을 잘 유지하는 것이 오히려 유리한 선택이다.

생각을 멈춰야 할 때

잠자리에서는 반드시 잠만 자야 한다. 침실이 다른 용도를 겸하는 것은 결코 바람직하지 않다. 밤 9시가 넘으면 집 안의 모든 불을 조도가 낮은 조명으로 바꾸는 것이 좋다. 어두워야 뇌 속 솔방울샘에서 멜라토닌이 잘 분비되기 때문이다. 운동이나 격렬한 언쟁, 시끄러운 음악은 수면을 방해한다. 잘 자기 위해서는 편안한 옷으로 갈아입고 잠이 잘 오는 환경을 만들어줘야 한다. 잠자기 전에 생각 중지 훈련이나 명상을 하면 더 편안히 잠을 청할 수 있다.

다음은 어떤 생각이 떠오를 때 그 생각을 중지하는 생각 중지 방법이다. 즉각적인 효과를 볼 수 있을 것이다.

━ 생각 중지 방법

1 자신의 마음을 지배하는 그 생각을 알아차려라.

2 즉각적이고도 단호하게 "그만"이라고 말하라.

3 고무 밴드를 차고 있다가 가볍게 튕기는 방법도 괜찮다.

4 그 생각과 전혀 상관없는 다른 긍정적인 생각을 떠올려보라.

5 그 생각이 완전히 사라질 때까지 떠올린 긍정적인 생각에 집중하라.

6 다른 생각이 싫다면 자신이 평소에 좋아했던 이미지나 영상을 떠올려라.

잠을 잘 때도
호르몬은 일한다

잠을 잘 잔다는 것

수면에서 중요한 건 양이 아닌 질이다. 정확히 이야기하면 수면 효율이 매우 중요하다. 수면 효율이란 '얼마나 잘 잤느냐'를 수치화하는 개념이다. 실제로 잠을 잔 시간을 잠자리에 누워 있는 시간으로 나눈 값으로 구한다. 예를 들어 잠을 자기 위해 침대에 누워 있는 총 10시간 중 실제 잠을 잔 시간이 7시간 밖에 되지 않는다면, 수면 효율은 70%다. 수면 효율이 적어도 85% 이상 돼야 숙면을 취했다고 할 수 있다.

공부호르몬

■ 수면 효율

$$수면 효율(\%) = \frac{실제로\ 잠을\ 잔\ 시간\ (총\ 수면\ 시간)}{잠자리에\ 누워\ 있던\ 시간\ (총\ 침상\ 시간)} \times 100$$

잠자는 동안에는 신체의 장기도 대사를 최소화하고 휴식을 취한다. 그때 뇌가 가장 편안해지며, 우리 몸 역시 새롭게 되살아난다. 근육에 축적됐던 피로를 느끼게 하는 수소이온도 잠을 자는 동안 차츰 농도가 낮아진다. 심신에 쌓인 피로가 서서히 풀리는 것이다. 이때 몸 안의 각종 호르몬 역시 균형을 되찾는다. 낮 동안 소비됐던 멜라토닌, 성호르몬, 성장호르몬 등은 잠을 자는 동안 보충되고 다음 날을 대비하게 된다.

잠을 제대로 자지 못하는 사람은 비타민 D와 멜라토닌이 부족할 가능성이 높다. 이 두 호르몬은 어른에게도 필수적이지만, 자라는 아이들에게는 결코 없어서는 안 될 물질이다. 성장과 두뇌 재생에 가장 중요한 호르몬으로 꼽힌다.

비타민 D는 칼슘 대사뿐만 아니라 뇌신경 호르몬 구성, 각종 신진대사 등에 영향을 미치기 때문에 부족하면 골다공증, 근육 쇠약, 피부 탄력 저하 같은 여러 가지 악영향을 초래한다. 혈중 수치에 따라 정상(30ng/ml 이상), 불충분(10~30ng/ml), 결핍(10ng/ml이하)으로 나눌 수 있다. 불면으로 고생하는 소아·청소년이나 성인 대부분은 10ng/ml보다 낮은 수치를 보인다.

비타민 D는 우리 몸을 지키는 방어 호르몬이다. 혈관과 뇌세포를 보호하며 뼈가 비는 것을 방지해 암세포로부터 정상 세포를 지킨다. 또 혈관의 재생과 유지를 돕고 혈당 조절에도 관여한다. 췌장의 인슐린 분비 세포를 자극해 인슐린이 잘 분비될 수 있게 할 뿐만 아니라 기능이 떨어진 인슐린 베타 세포의 재생까지 돕는다. 또 혈압과 콜레스테롤을 낮춘다. 우리 몸에는 혈압을 높이는 레닌이라는 효소가 있는데, 비타민 D는 레닌이 필요 이상 분비되는 것을 막아 혈압 상승을 줄인다. 또 간에서 콜레스테롤 분해를 도와 고지혈증 같은 대사 질환도 예방한다.

비타민 D는 비만과도 직결된다. '미국영양학회저널Journal of the American College of Nutrition'에 실린 논문에 따르면 비타민과 미네랄 섭취량은 체중과 밀접한 연관성이 있다. 연구팀이 7년간 1만 8,000명을 대상으로 영양 섭취에 관한 설문 조사를 실시한 결과, 비만인 사람은 정상 체중인 사람보다 미량 영양소 섭취량이 5~12%나 적었다. 또한 비만인 사람의 경우 정상 체중인 사람보다 비타민 A, 비타민 C, 마그네슘 섭취량이 많이 부족했으며, 칼슘, 비타민 D, 비타민 E의 섭취량도 권장량보다 적은 것으로 나타났다. 비타민 A와 비타민 D가 부족하면 배고픔을 참기 어렵고 체중 관리가 힘들어진다. 비타민 D가 지방의 분해를 돕기 때문이다. 이는 비만과 거리가 먼 사람에게도 적용되는 일이다. 겨울철 햇볕을 쬐는 시간이 줄면 체내 비타민 D 농도가 낮아지는데, 그 때문에 뱃살이 늘고 잘 빠지지 않게 된다. 비타민 D가 부족할 경우 당뇨 발병률은 일반인의 1.5배, 심혈관 질환의 발병률은 2배 정도 높아진다.

봄·가을에는 피부가 조금 드러나는 옷을 입고 약 15분 정도 햇볕을 쬐는 것이 좋다. 겨울철에는 실내 온도를 높이고 옷을 가볍게 입은 뒤 창가에서 20~30분 정도 햇볕을 쬐는 것이 바람직하다. 만약 비타민 D가 많이 부족하다면 영양제로 보충해야 한다.

숙면과 멜라토닌

잠과 가장 밀접한 관련이 있는 호르몬은 멜라토닌이다. 멜라토닌은 흔히 불면증 치료제로 사용되는데, 강력한 신체 재생 기능을 함께 가지고 있다. 멜라토닌은 비타민 C, 비타민 E보다 더 뛰어난 항산화 능력을 가졌다. 프랑스 마리 퀴리 연구소에서 쥐에게 멜라토닌을 주입하고 관찰한 결과, 멜라토닌이 노화와 관련된 100개 이상의 유전자를 조절해 노화를 예방하고 젊음을 유지시키는 것을 확인했다. 또 멜라토닌은 세포를 산화시키고 공격하는 활성산소가 다른 세포에 달라붙지 못하게 지키는 능력을 가지고 있다. 멜라토닌은 세포막을 보다 쉽게 통과하고 뇌세포와 뇌혈관도 자유롭게 오갈 수 있는 호르몬이다. 그렇기 때문에 식품이나 비타민 형태의 항산화 물질에 비해 신경세포를 잘 보호할 수 있다.

멜라토닌을 만드는 뇌 기관인 솔방울샘은 빛을 통해 밤낮을 식별한다. 낮에 햇빛을 받아 생성되기 시작해 깜깜한 밤이 되면 멜라토닌을 분비한다. 멜라토닌은 보통 잠들기 두 시간 전부터 분비되기 시작하는데, 자정 12시부터 새벽 2시 사이에 가장 많이 분비된다. 이때 멜라토닌뿐만 아니라 성장호르몬도 분비되므로 숙면은 매우 중요한 건강 습관이다.

바나나 파래에 많이 든 트립토판은 체내에서 세로토닌과 멜라토닌을 만드는 데 결정적인 역할을 한다. 바나나는 신경을 안정시키는 마그네슘도 풍부해 숙면을 돕는 이상적인 식품으로 꼽힌다.

잠들기 전 지켜야 할 규칙

배가 불러야 잠이 온다는 사람이 많다. 이는 과학적 근거가 있는 주장이다. 수면 호르몬인 멜라토닌을 생성시키는 트립토판은 단백질에서 얻어진다. 그래서 저녁에 단백질이 풍부한 음식을 먹으면 멜라토닌 생성이 촉진돼 잠이 잘 온다. 또 밤늦도록 깨어 있으면 아드레날린과 함께 배고픔 호르몬인 그렐린이 활성화된다. 밤참을 먹어 그렐린을 달래면 잠이 오게 된다. 하지만 이는 그렐린 하나만 만족시키는 일일뿐 몸을 망가뜨리는 습관이다.

배가 든든해서 잠이 잘 오더라도 우리 몸, 특히 위에서는 심각한 사태가 벌어진다. 자는 동안 위 기능은 현저하게 저하된다. 신체 활동 없이 누워만 있으니 기능이 거의 멈출 수밖에 없다. 위에 음식을 채우고 자면 위는 움직이지 못하면서 위액만 계속 분비되는 상태가 된다. 아래로 내려가지 못하고 넘친 위액은 흔히 기도까지 역류하는데 이것이 바로 역류성 식도염이다. 그래서 음식을 먹고 바로 자는 습관은 위험하다. 잠들기 3시간 전부터는 되도록 아무것도 먹지 말아야 한다. 만약 허기 때문에 잘 수 없다면 우유 한 잔이나 가벼운 샐러드 한 접시 정도로 달래야 한다. 특히 우유는 멜라토닌 생성을 도와 잠을 잘 오게 만든다.

또한 숙면을 위해서는 하체의 온도를 높여야 한다. 수면 양말의 원리는 반신욕의 원리와 흡사하다. 상체의 열은 식히고, 하체의 체온은 높여 체열의 균형을 맞추는 것이다. 이불을 잘 덮고 자면 체온이 일정하게 유지되고 혈액순환도 잘 되는 체열의 평형을 체감할 수 있다. 피로가 쌓이는 저녁에는 체열의 균형이 쉽게 깨져서 상체 온도는 높고, 하체의 온도는 낮은 불균형 상태에 이르기 쉽다. 반신욕이나 족욕을 즐기고 수면 양말을 신는 습관은 빠르게 체열 평형을 회복시켜 숙면할 수 있게 해준다.

방 안 공기가 너무 차거나 따뜻한 것 역시 수면에 방해가 될 수 있다. 체질에 따라 다를 수 있지만 침실 온도는 20~25도 정도가 적당하다. 수면 양말을 이용하더라도 가슴까지 이불을 덮고 자야 체온 유지에 유리하다. 쾌적한 수면을 위해서는 환기도 중요하다. 많이 춥지 않다면 침실에 공기가 잘 들어올 수 있도록 창문을 약간 열어 두는 것이 좋다. 보온을 위해 문을 꽉꽉 닫아두면 숙면을 방해할 수 있다.

공부는 몸으로
하는 것

운동이 공부에 방해가 된다?

노벨 평화상을 수상한 세계적인 인권운동가 넬슨 만델라는 95세까지 살면서 아프리카의 자유와 민주주의에 오래도록 공헌했다. 그는 무려 27년 6개월 동안 감옥에 수감된 채 정치적 탄압을 받았다. 혹독한 시간을 보내면서도 그가 남다른 건강을 유지할 수 있었던 것은 운동 덕분이다.

만델라는 운동이 신체적인 건강뿐만 아니라 마음의 평화를 유지하는 열쇠라고 믿었다. 그는 분노와 좌절을 다른 사람에게 풀지 않고 샌드백을 치는 것으로 해소했다. 만델라는 복싱이 영혼을 완성하는 인생 파트너라고 믿었고 자기 단련에 누구보다 철저했다. 그가 수감됐던 곳은 세상에서 가장 열악한 감옥 중 하나였다. 한순간이라도 자기 단련을 게을리하면 몸이 금세 망가지는 최악의 공간이었다. 그는 운동이 자신의 영혼을 지켜줄 것이라고 믿었다. 채석장에서 돌을 캐는 일조차 건강을 지키는 행복한 운동이라고 생각하며 즐겼다. 그러다 채석장에서 일할 수 없게 되자 제자리 달리기 45분, 손가락으로 바닥 짚고 팔굽혀펴기 200회, 윗몸 일으키기 100회, 허리 굽히기 50회 같은 운동 규칙을 세워 하루도 빠짐없이 실천했다. 자녀들에게 보낸 편지에서도 마음의 부담을 떨치기 위해서는 언제나 운동을 해야 한다며 농구나 축구, 테니스와 같은 스포츠를 즐기라고 권했다.

공부에 방해가 되니 운동은 적당히 하라는 말을 들어본 적 있을 것이다. 이는 과학적으로 틀린 말이다. 지나치게 격렬한 운동이라면 모를까, 적절한 운동은 하면 할수록 좋다. 소수의 스포츠광을 제외한 대부분의 사람은 사실 운동 부족에 가깝다.

뇌를 변화시키는 운동

운동의 진정한 목적은 뇌 구조를 긍정적으로 바꾸는 것이다. 운동과 뇌 기능의 연관성을 연구해온 하버드 의과대학 존 레이티 교수에 따르면 인간은 다른 동물과 마찬가지로 움직여야 생존할 수 있도록 진화했다. 그는 다양한 실험을 통해 인간이 운동을 하지 않으면 뇌 기능이 전반적으로 위축된다는 사실을 밝혀냈다. 그리고 지금처럼 운동을 충분히 하지 않는 생활 방식은 장차 개인과 인류의 생존까지 위협할 것이라고 경고한다.

또한 레이티 교수는 실험에서 운동을 잘 실천하는 학생의 학습 능력이 그렇지 않은 학생보다 뛰어나다는 사실도 밝혀냈다. 체육 수업에 성실히 참여한 학생들은 집중력과 문자 해독 능력, 수학과 과학 과목에서 최고 수준을 보였다. 공부를 잘하기 위해서는 뇌세포 사이의 연결이 유기적으로 이어져야 하는데, 운동으로 뇌를 자극하면 각 뇌 부위의 연결과 뇌 기능이 최적화되기 때문이다. 운동은 신체뿐만 아니라 뇌의 학습 속도를 증가시킨다. 매일 운동하면 학습 능력을 최상의 상태로 유지할 수 있다.

운동을 충분히 하고 나면 대개 마음속에 쌓인 감정적 찌꺼기가 발산되고 스트레스 역시 빠르게 경감된다. 공부를 잘할 수 있는 최적의 뇌로 변하는 것이다. 그러므로 공부나 일을 위해 운동을 중단하거나 기피하는 것은 가장 어리석은 선택이다. 일시적인 효과를 가져올 수 있지만 장기적으로는 무능한 상태에 빠지게 될 것이다.

운동은 두뇌 능력 향상에 도움을 준다. 우선 몸에 쌓인 피로물질이 배출되고 혈관이 빠르게 재생된다. 이는 뇌 기능의 리셋 측면에서 매우 중요하다. 피로물질이 누적되면 뇌신경이 분산돼 집중력을 발휘하기 어렵기 때문이다. 또 능동적인 운동은 스트레스를 가장 효과적으로 없애준다. 인간이 기억을 만들고 되살리는 과정은 뇌세포 사이의 연결이 강화되는 과정을 거쳐 최적화된다. 이런 과정을 '장기 강화LTP, Long Term Potentiation'라고 하는데, 스트레스는 LTP를 감소시켜 궁극적으로 기억에도 영향을 준다. 브리검영대학 연구진은 운동을 하면 스트레스로 인한 LTP 감소가 일어나지 않고 정상 상태로 유지된다는 사실을 확인하기도 했다.

또 운동은 다양한 뇌 부위의 기능을 증진하는 효과적인 도구이며, 낭독이나 글쓰기에 비견될 만한 뇌 활성화 방법이다. 운동을 해야 공부할 수 있는 뇌를 만들어낼 수 있다고 해도 과언이 아니다.

튼튼한 두 다리로 공부하기

공부호르몬을 좌우하는 핵심 요인 가운데 하나는 원활한 혈액순환이다. 호르몬은 혈액순환이 원활할 때 가장 잘 분비된다. 그런 까닭에 혈액순환의 중심인 심장의 기능 역시 매우 중요하다. 심장 기능이 떨어질 때 뇌는 쉽게 저산소증을 경험한다. 반대로 심장 기능을 잘 유지하면 뇌에 혈액이 잘 돌아 충분한 산소가 공급된다.

그런데 심장만큼 중요한 신체 부위가 있다. 바로 종아리다. 우리 몸의 혈액은 중력 때문에 약 70%가 하체에 집중돼 있다. 종아리 근육은 위에서 아래로 내려오는 혈액을 다시 심장으로 보내는 펌프 역할을 한다. 그런 면에서 종아리는 제2의 심장이라 부를 만큼 중요한 기관이다. 하지만 대부분의 사람들은 제2의 심장을 제대로 활용하지 못한다.

종아리 근육이 건강하지 못하면 우리 몸 전체의 혈류가 정체된다. 그뿐만 아니라 종아리를 비롯한 하체의 모든 혈관에 압력이 가해진다. 이 압력을 견디지 못하고 밖으로 불거지는 질환이 바로 하지정맥류다. 심장에서 가장 멀리 떨어진 하체의 혈액이 다시 심장으로 돌아오기 위해서는 종아리 근육의 도움이 필요하다. 종아리가 제대로 움직여 강한 펌프 작용을 해야 우리 몸의 혈액 순환도 정상화된다.

종아리 근육이 혈액 순환을 제대로 돕지 못하면, 오로지 심장의 펌프 작용만으로 혈액이 퍼지기 때문에 고혈압이 생기게 된다. 신체 말단에 혈액이 잘 흐르지 못하면, 이를 해결하기 위해 혈압이 높아질 수밖에 없기 때문이다. 종아리 근육은 팔뚝 근육보다 훨씬 더 굵고 근육량이 많기 때문에 제대로 수축되면 팔뚝 근육보다 몇 배 이상의 힘을 발휘해 심장의 부담을 덜어주고 혈액의 흐름을 원활하게 한다.

제2의 심장인 종아리 근육을 단련하는 3대 생활 수칙은 다음과 같다.

첫째, 하루 7,000보 이상 걸어야 한다. 종아리가 가장 싫어하는 것이 잘 움직이지 않는 습관이다. 특히 현대인들은 하루에 5,000보도 채 걷지 않는 경우가 많다. 근육은 쓰지 않으면 퇴화하게 돼 있다. 종아리 근육을 단련하려면 평소 일부러 걷는 습관을 들여야 한다.

둘째, 중심 체온을 따뜻하게 유지해야 한다. 몸의 체온이 정상적으로 유지돼야 종아리에 부담도 덜 가고 혈액 순환도 원활해진다. 몸의 중심 체온을 정상으로 유지하기 위해서는 수분 섭취를 충분히 하는 것과 숙면을 취하는 것이 중요하다. 특히 채소와 과일을 규칙적으로 섭취하는 것이 중요하다. 체온을 올려주는 식재료에는 과일, 견과류, 마늘, 파, 찹쌀, 갈치, 새우. 식초 등이 있다. 몸의 중심 체온을 높이는 좋은 방법 중 하나는 목욕이나 반신욕을 즐기는 것이다. 목욕물을 38~41도 사이로 유지하면 우리 몸의 부교감신경이 활성화된다. 몸이 너무 뜨거워지면 오히려 교감신경이 각성된다. 따라서 반신욕이나 족욕은 미지근한 물로 해야 심장과 근육의 이완, 휴식에 더 유리하다.

셋째, 발목의 유연성을 길러주는 운동을 하자. 앉아서 일을 하거나 TV, 스마트폰을 볼 때 종아리 근육을 자주 움직이는 습관을 들이자. 의자에 앉은 채 한쪽 다리를 앞으로 뻗고 발목을 전후좌우로 움직여라. 발끝을 몸에서 최대한 멀리 쭉 뻗고 10초간 유지한다. 다시 몸 쪽으로 발끝을 최대한 당겨서 10초 동안 유지한다. 다음에는 발끝을 왼쪽으로 최대한 구부려 10초, 다시 오른쪽으로 구부려 10초를 유지한다. 이때 제일 중요한 원칙은 다리를 쭉 뻗어서 움직이지 않은 채 발목으로만 방향을 전환해야 한다는 것이다. 전후좌우 운동을 마치면 발목을 시계 방향으로 10초 동안 한 바퀴 돌린다. 그다음에는 10초 동안 반 시계 방향으로 한 바퀴 돌린다. 이때 발목을 원활하게 돌리려면 아래에 둔 반대쪽 다리도 함께 돌려주면 된다. 발목 유연성을 길러주는 운동 한 세트는 대략 1분이면 할 수 있다. 적어도 하루에 5세트를 해주면 좋다.

연령별
추천 운동

20대

하루 20~30분씩, 1주일에 3일 이상 조깅으로 근육 기능, 폐 기능, 순환계 기능을 향상시킬 수 있다. 운동의 쾌감을 잘 느낄 수 있도록 활동적인 전신운동 위주로 운동 계획을 짜보자. 추천 운동으로는 자전거, 농구, 테니스, 스쿼시, 조깅 등이 있다. 주 2회 이상의 근육 강화 운동도 빼놓지 말아야 한다.

30대

체력이 하강하는 시점이기 때문에 무리한 종목은 삼가고, 운동 전후에는 반드시 스트레칭을 실시해야 한다. 운동을 처음 시작했다면 매일 20분간은 꾸준히 걷고, 2개월 이후에는 40분 정도로 운동 강도를 높여 걷기 운동을 해보길 추천한다. 1주일에 1~2회 테니스, 축구, 배드민턴 등 좋아하는 구기 운동을 즐기는 것도 좋다.

40대

건강 상태가 급격히 떨어지며 성인병이 서서히 시작되는 시기다. 여성은 골다공증이 발생하는 시기이므로 골절을 일으킬 수 있는 운동에 유의하고, 체중 지지 운동을 실시한다. 추천 운동은 수영이나 빨리 걷기, 등산 등이다. 실내 운동이나 주 2~3회 골프연습장에서 골프 연습을 하는 것도 시도해볼 만하다.

50~60대

심혈관계 질환 발병률이 높아지는 시기이므로 심장과 혈관을 강화할 수 있는 유산소운동이 좋다. 조깅이나 자전거 타기, 관절의 유연성을 강화하기 위한 걷기나 스트레칭을 충분히 한다. 관절에 질병이 있는 경우에는 아쿠아 에어로빅을 통해 관절에 부담을 줄이는 운동을 할 수 있다. 과격한 운동은 인체 면역계나 노화에 오히려 악영향을 끼칠 수 있기 때문에 삼가는 것이 좋다.

공부호르몬을 만드는
슈퍼 푸드

똑똑하게 먹어야 공부도 잘한다

사람은 평생 음식을 먹으며 살아간다. 무엇을 먹고 어떻게 생활하느냐에 따라 우리의 신체 나이와 뇌 나이에 큰 차이가 생긴다. 특히 좋은 음식을 먹는 것은 매우 중요하다. 그러기 위해서는 무엇이 좋은 음식인지부터 잘 알아야 한다. 뇌를 살리는 음식이 있듯이 뇌를 망가뜨리는 음식도 있다. 좀 더 범위를 넓혀 보자면 몸을 살리는 음식이 있듯이 몸을 해치는 음식도 있다. 뇌를 살리는 음식은 몸을 살리는 음식이기도 하다.

공부호르몬의 원활한 분비를 위해 뇌 기능을 유지하고 활성화하는 영양소와 음식에 주목해보자. 뇌를 살리려면 전체 영양 섭취 중 당질 비율, 즉 탄수화물의 비중이 최대 30%가 넘지 않도록 해야 한다. 췌장과 인슐린을 보호하기 위해서다. 탄수화물 섭취를 절반 이상 줄이고 부족분을 다른 영양소로 대체하기 위해 노력해야 한다. 좀 더 구체적으로 기존의 밥, 빵, 면으로 이뤄진 3백白 음식(흰쌀, 흰밀가루, 흰 설탕) 중심의 식사에서 탈피해 복합성 당질로의 전면적인 전환을 꾀해야 한다.

복합성 당질은 뇌가 천천히, 그리고 오래 집중할 수 있도록 돕는 연료 음식이다. 복합성 당질은 현미, 귀리, 콩처럼 다양한 영양소를 함께 포함하고 있는 곡물에 풍부하다. 복합성 당질 위주의 식사는 혈당이 마치 파도처럼 춤추는 혈당 롤링 현상을 일으키지 않는다. 또한 혈당이 일정한 수준에서 오랫동안 유지될 수 있게 해준다. 복합성 당질의 섭취를 위해서는 소식小食이 첫 번째 원칙이다.

반드시 음식으로 먹어야 하는 영양소

그다음 주목해야 할 영양소는 불포화지방산이다. 불포화지방산에는 오메가3, 오메가6, 오메가9가 있다. 이 가운데 오메가3 지방산과 오메가6 지방산은 우리의 몸속에서 만들어지지 않지만 꼭 필요한 영양소다. 따라서 이 둘은 음식을 통해 반드시 섭취해야 할 '필수지방산'이라고 부른다. 특히 오메가3 지방산은 뇌의 구성 물질이며, 단단하고 성능 좋은 뇌세포를 지속적으로 만들어주는 중요한 영양소다. 또한 체내에서 염증이나 혈액 응고를 막아주는 역할도 한다. 그뿐만 아니다. 오메가3 지방산은 혈중 콜레스테롤 수치를 떨어뜨리는 것으로도 알려져 있다. 건강한 뇌를 유지하려면 각기 다른 성질을 가진 오메가3 지방산과 오메가6 지방산의 균형이 무척 중요하다. 영양학자들은 오메가3와 오메가6 비율을 대략 1:4~10 정도로 맞출 것을 권장한다.

미국 임상심리학자 스티븐 S. 일라디 박사는 우울증 극복을 위한 생활개선치료TLC, Therapeutic Lifestyle Change를 통해 오메가3 섭취가 매우 중요한 문제임을 밝혔다. 55세 이상 성인을 대상으로 조사한 결과, 일주일에 세 번 이상 생선을 섭취하는 사람이 세 번 미만인 사람보다 우울증 위험이 40%나 낮았던 것이다. 생선에 풍부한 도코사헥사엔산DHA, 에이코사펜타엔산EPA 등과 같은 오메가3 지방산은 우울증 개선에 좋은 영향을 미친다. 에이코사펜타엔산은 나쁜 콜레스테롤을 감소시키고 좋은 콜레스테롤을 증가시키며, 도코사헥사엔산은 뇌의 구성 성분으로 뇌의 발달에 필수적인 역할을 한다. 오메가3 지방산이 많이 포함된 식품으로는 들기름, 콩기름, 각종 견과류, 녹황색 채소, 등 푸른 생선 등이 있다.

오메가6 지방산은 체내에서 염증 반응을 일으키거나 혈전을 만들어 피가 응고하게 만든다. 쉽게 말해 우리 몸속에 나쁜 세균이 침투하면 염증 반응을 일으켜 제거하고, 상처가 생겼을 때에는 피를 멈추게 해주는 것이다. 오메가6 지방산은 우리가 평소 즐겨 먹는 포도씨기름, 해바라기씨기름, 콩기름, 옥수수기름에 풍부하다. 결코 없어서는 안 될 중요한 영양소지만 과잉 섭취는 경계해야 한다. 콜레스테롤의 산화를 증가시켜 심혈관 질환의 위험성을 높이기 때문이다. 따라서 오메가6 지방산은 총 에너지 섭취량에서 8% 이내로 먹기를 권장한다.

문제는 현대인들이 오메가6 지방산을 지나치게 많이 섭취하는 반면, 오메가3의 섭취는 턱없이 부족하다는 데에 있다. 이 둘의 균형을 맞추기 위해서는 의식적으로 오메가3 지방산이 풍부한 식품을 섭취하거나 건강 보조 식품을 복용해야 한다.

오메가3 지방산 섭취를 늘려 뇌 건강을 유지하려면 불포화지방산이 풍부한 등 푸른 생선과 닭고기를 자주 밥상에 올려야 한다. 밥을 지을 때 콩을 넣거나 두유, 두부, 콩국, 비지의 섭취를 늘리는 것도 좋다. 들깨, 미나리, 냉이, 고사리, 쑥, 씀바귀, 케일, 아욱 등도 불포화지방산 섭취에 유리한 채소들이다.

옥수수기름으로 요리하는 대신 올리브유나 카놀라유를 사용하고, 참기름 대신 들기름을 사용하는 것도 추천한다. 매일 충분한 과일과 채소를 섭취하면 불포화지방산의 효과가 증진된다. 불포화지방산은 비타민 E와 결합해야 효능이 커지므로 소맥배아, 쌀겨, 참깨, 콩, 옥수수배아, 해바라기씨, 호박씨, 견과류, 올리브유 등을 꾸준히 섭취하면 도움이 된다.

뇌를 깨끗하게 해주는 음식

또 하나 챙겨야 할 것은 바로 항산화 음식이다. 항산화 음식이란 뇌 활동으로 쌓인 불순물과 노폐물, 뇌에서 발생한 활성산소를 제거해주는 음식이다. 항산화 음식은 활기찬 뇌를 유지하고 뇌의 피로를 해소하는 데 중요한 역할을 한다.

활성산소는 산소가 몸속 장기들을 돌며 에너지를 만들 때 생긴다. 우리 몸 곳곳에 악영향을 미치는데, 활성산소의 생성을 완전히 막을 방법은 없다. 미국 존스홉킨스 의대에서는 인류가 앓는 3만 6,000가지 질병 중 90%가 활성산소로 인해 생긴다고 발표했다. 활성산소는 본래 세균, 박테리아, 독성 물질과 같이 몸에 해로운 대상을 공격하는 게 주 임무다. 그러나 필요 이상으로 늘어날 경우 정상 세포를 공격할 대상으로 오인하고 세포에게서 전자를 빼앗아 불안정하게 만든다. 손상된 세포는 길이가 줄어 노화나 질병을 불러온다. 만약 한계치 이하로 짧아질 경우 인체는 결국 사망에 이른다. 활성산소는 정상 세포를 하루 평균 7만 번 정도 공격한다. 이런 공격이 지속되면 DNA가 변형되면서 치명적인 질병을 일으키는데, 그것이 바로 '암'이다.

우리 몸속에서 활성산소의 공격을 가장 많이 받는 기관인 동시에 활성산소의 공격에 가장 취약한 기관이 바로 뇌다. 뇌는 에너지를 가장 많이 쓰는 기관이고 혈관이 밀접돼 있어서 활성산소의 공격에 구조적으로 취약하다. 활성산소는 혈관을 타고 이동하며 세포를 공격하므로 혈관이 촘촘히 모여 있는 뇌는 활성산소의 공격에 취약할 수밖에 없다.

따라서 활성산소를 없애줄 음식을 꾸준히 섭취하면서, 땀 흘리는 운동을 통해 활성산소를 효과적으로 제거해야 한다. 활성산소를 제거하는 항산화 물질은 다양한 형태의 영양소로 존재한다. 잘 알려진 대로 비타민 C는 가장 강력한 항산화 영양소이며, 활성산소에 의해 손상된 세포를 보호하고 재생하는 능력이 탁월하다. 사과, 레몬, 키위, 파프리카, 토마토 등의 과일과 채소로 비타민 C를 충분히 섭취하자.

행복호르몬을 부르는 식사

양질의 단백질 섭취에도 신경을 써야 한다. 단백질은 근육, 피부, 뼈,

머리카락 등의 신체 조직을 구성할 뿐 아니라 효소, 호르몬, 항체를 생산해 체내 물질이 균형을 유지하도록 돕는다. 그래서 단백질이 부족하면 성장 부진이나 면역력 저하와 같은 각종 건강 문제가 생긴다. 특히 단백질은 세로토닌, 멜라토닌, 엔도르핀과 같은 호르몬의 원료가 되는 영양소다. 단백질이 부족하면 당연히 다양한 호르몬 이상을 겪게 된다.

행복호르몬 세로토닌은 양질의 단백질로 합성된다. 세로토닌의 농도는 트립토판이라는 성분이 높이는데, 이 트립토판이 바로 단백질에서 만들어진다. 단백질 섭취가 충분하지 않으면 행복호르몬이 부족해져 쉽게 우울증이 올 수 있다.

단백질 중에서도 필수아미노산은 체내에서 합성되지 않기 때문에 음식 섭취를 통해 얻을 수밖에 없다. 과식하지 않는 선에서 쇠고기, 돼지고기, 닭고기, 생선, 우유, 달걀 등의 동물성 단백질을 충분히 섭취하는 것이 바람직하다.

최근 대두된 영양학 연구의 결과들을 종합하면, 이제 지방에 대한 거부감은 접어두는 게 좋겠다. 저지방 식사가 오히려 조기 사망률을 높일 수 있다는 연구 결과까지 나왔기 때문이다. 물론 이는 지방을 제한 없이 섭취하라는 말이 아니다. 보다 건강한 삶을 살기 원한다면 필요한 에너지의 35%까지는 지방으로 섭취하는 것이 고탄수화물 위주 식사보다 낫다는 주장이다.

우리가 가장 주의를 기울여 섭취해야 할 영양소는 단백질이나 지방이 아니라 탄수화물이다. 일주일에 2~3회 이상 다양한 종류의 육식을 섭취하는 것은 건강을 위해 적극 권장할 일이다. 많은 사람이 계란 노른자가 콜레스테롤 수치를 높인다는 이유로 기피하는데, 매우 잘못된 식습관이다. 노른자위에는 레시틴이라는 두뇌 구성 물질이 함유돼 있다. 레시틴은 콜레스테롤 수치를 낮추는 역할도 한다.

다양한 미량 영양소도 놓치지 말고 섭취해야 한다. 필수아미노산, 나이아신, 비타민 B, 비타민 C, 엽산, 마그네슘, 아연, 망간 등은 모두 두뇌 건강을 돕는 매우 중요한 영양소인 동시에 평소 식생활에서 놓치기 쉬운 영양소다. 이들은 정제되지 않은 곡물, 콩류, 견과류, 과일, 채소 등에 풍부하므로 여러 채소와 과일, 곡류를 다양하게 즐기려는 노력이 필요하다.

▬ 공부호르몬을 만드는 식품

- 불포화지방산과 DHA: 호두, 고등어

- 트립토판과 비타민 B6: 청어, 연어, 호두, 우유

- 뇌 세포 파괴를 막아주는 퀘르세틴: 사과

- 기억력 향진 도움: 도라지, 구기자, 인삼, 동충하초, 오미자

5장

실천편
: 평생 학습 습관을 완성하는
7주 공부법

공부를 둘러싼 모든 것의 유기적인 연관을 깨닫고 통합적 건강에 도전할 때 비로소 길이 열린다. 공부를 지지해줄 건강을 살피자. 공부를 이끌어갈 마음을 다스리자. 학습이 수행되는 뇌의 건강성을 과학적으로 보호하자. 그러면 당신도 공부의 왕도에 들어설 수 있다.

'공부 뇌'를 완성하는
기간, 7주

몸·마음·뇌를 연결하는 연습

인간은 유기체다. 몸과 마음, 두뇌가 함께 복합적으로 작용한다. 스스로 유기체라는 사실을 자각하지 못하면 바른 판단이 힘들어진다. 공부만이 아니라 업무, 가족 문제나 인간관계 같은 중대사에 관해서도 그릇된 생각과 선택을 하기 쉽다. 특히 공부는 우리가 가장 자주 신체의 유기체성을 망각한 채 달려드는 대상 가운데 하나다.

공부에 목을 매지만 기대한 것을 얻지 못한 것도 이 때문이다. 몸이 건강하지 못하면 공부를 잘할 수 없다. 또 평정심을 잃으면 공부에 전념할 수 없다. 뇌의 효율이 낮아도 역시 공부를 감당하기 어렵다. 사람은 몸Body과 마음Mind과 뇌Brain가 유기적으로 통합돼 있다. 공부 역시 몸과 마음, 뇌의 유기적인 상관성을 이해하고 각각을 조화롭게 증진할 때 비로소 성취할 수 있다.

그래서 제안하는 것이 BMBBody·Mind·Brain 스터디 프로그램이다. BMB 스터디 프로그램은 성공적인 학습을 위해 몸과 마음, 뇌의 건강을 통합하는 과정이다. 공부를 잘하려면 우선 공부와 연결된 건강과 뇌, 자신의 마음부터 제대로 알아야 한다. 숲을 보지 못한 채 시험이나 학습법 같은 지엽적인 것에만 집중하면 공부는 실패한다.

BMB 스터디 프로그램은 몸과 마음, 뇌의 조화로운 상태를 추구하고, 궁극적으로 공부호르몬을 활성화하기 위한 구체적인 실천 방안을 알려준다. 이 프로그램은 다음과 같은 피라미드 구조로 짜여 있다.

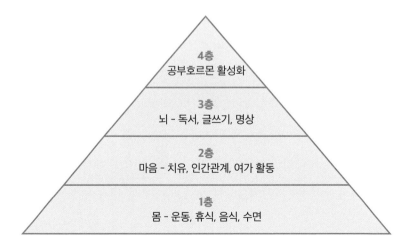

4층
공부호르몬 활성화

3층
뇌 - 독서, 글쓰기, 명상

2층
마음 - 치유, 인간관계, 여가 활동

1층
몸 - 운동, 휴식, 음식, 수면

공부호르몬

이 학습 구조에서는 아래 단계 활동과 주체가 견실하게 활성화돼 야만 그 위의 활동과 주체도 활성화될 수 있다. 즉 1층에 해당하는 몸의 활력과 건강 유지가 기본적인 토대를 이뤄야 다음 층에서 마음 의 평정이 만들어질 수 있는 것이다. 그리고 마음의 평정이 유지될 때 뇌의 활력을 높이는 활동 역시 왕성해질 수 있다.

평생 공부 습관을 만드는 법

공부를 둘러싼 모든 것의 유기적인 연관을 깨닫고 통합적 건강에 도 전할 때 비로소 길이 열린다. 공부를 지지해줄 건강을 살피자. 공부 를 이끌어갈 마음을 다스리자. 학습이 수행되는 뇌의 건강성을 과학 적으로 보호하자. 그러면 당신도 공부의 왕도에 들어설 수 있다.

시간과 목표에 쫓기는 현대인은 이러한 근본적인 노력이 너무 많은 에너지와 열정을 요구한다고 생각할 것이다. 하지만 인생은 100m 달리기가 아니라 긴 코스를 달리는 마라톤이다. 우리는 공부 와 지속적인 삶의 조화를 고민해야 한다. 눈앞에 놓인 결과나 목표 에 연연하는 공부는 지속되지 못한다.

심각한 심리 문제나 건강 문제가 존재하지 않는 사람이 어떤 생 활 습관을 진정 자기 것으로 체화하기 위해서는 적어도 7주의 시간

이 필요하다. 그래서 BMB 스터디 프로그램 역시 7주 프로그램으로 진행된다.

물론 7주간의 실천으로 모든 것을 이룰 수 있다고 단언하기는 어렵다. 이상적인 공부 뇌, 학습 능력과 건강을 성취하려면 수년의 노력도 부족할지 모른다. 실제 사례에서는 2년 넘게 BMB 스터디 프로그램이 진행되기도 한다. 해결해야 할 문제가 많을 경우 시급한 문제부터 하나씩 풀어야 하기 때문이다. 내적 상처의 치유, 자기 성찰, 진로 성숙, 인간관계 개선 같은 현안부터 순차적으로 해결하는 경우도 있다. 하지만 심각한 심리 문제나 건강 문제가 없다면 기본적으로 BMB 스터디 프로그램을 7주간 실천하는 것만으로도 건강하게 공부할 수 있는 초석을 다질 수 있다. 이 프로그램은 공부를 시작하는 사람들이 흔히 직면하는 난관을 넘어설 지혜와 방법을 제공할 것이다.

1주차
시작은
일상에서부터

체력이 뇌의 활력을 높인다

우리 마음은 뇌 안에 존재하며, 뇌는 몸의 보호 아래에 있다. 건강한 마음은 활력 넘치는 뇌에서, 활력 넘치는 뇌는 건강한 몸에서 만들어지는 것이다. 공부는 물론이고, 거의 모든 일이 이 명제 안에서 최적의 결과로 이어질 수 있다. 그러니 뇌의 잠재력을 깨우고 난 후 공부에 도전해야 한다. 그러면 분명 일과 삶, 그리고 사랑에서 잠재력의 최고치에 이를 수 있을 것이다. 가장 이상적인 뇌를 위한 일곱 가지 활동은 다음과 같다.

- 매일 7시간 이상 잘 자기.
- 매주 10시간 이상 운동하기.
- 탄수화물 섭취 반으로 줄이기.
- 매일 2시간 이상 즐겁게 책 읽고 글쓰기.
- 매일 1시간 이상 아무 일하지 않고 쉬기.
- 매일 마음의 평정을 위해 1시간 할애하기.
- 일주일에 5시간 이상 행복한 인간관계 갖기.

이 일곱 가지가 잘 이뤄질 때 공부호르몬 역시 가장 강력하고 조화롭게 활성화된다. 그러나 말이 쉽지, 이 중 한 가지만 실천하기도 버거운데 일곱 가지나 되는 일을 동시에 실천하는 게 막막하게 느껴질 수 있다. 하지만 성장과 변화를 두려워하면 안 된다. 위 일곱 가지가 우리 일상이 될 경우 삶은 더 윤택해질 것이고 정신력 또한 더욱 굳건해질 것이다.

할 수 있는 일부터 하나씩

뇌를 위한 일곱 가지 활동을 실천하고 싶어도 여건이 되지 않는 사람이 있을 것이다. 그런 사람들을 위해 몇 가지 팁을 전한다.

시간이 부족한 사람이라면 한꺼번에 모든 활동을 시도하는 대신 세 가지 정도 먼저 시작해보자. 7시간 이상 숙면을 취하고, 탄수화물 대신 지방과 단백질로 식단을 짜며, 운동량을 늘리는 것부터 시작하면 어떨까. 이 또한 한 번에 바꾸려 하기보다 조금씩 늘려가는 방식을 취해보자. 작은 실천을 통해 당신은 일과 삶의 효율이 2배 이상 오르는 경험을 하게 될 것이다. 또한 머지않아 크게 발전한 체력과 에너지를 얻게 될 것이다. 강해진 체력과 에너지로 일에 집중한다면 공부할 시간, 친구를 만날 시간, 취미 활동을 즐길 시간이 자연스레 늘게 돼 있다.

사실 특별한 심리적 문제나 성격적 문제, 질병이 없는 사람이라면 운동과 잠, 식습관 교정만으로도 충분히 변화를 경험할 수 있다. 그리고 이 세 가지 방법을 통해 조금씩 활력을 얻게 됐다면 나머지 네 가지 일에도 차근차근 도전해보길 바란다.

꼭 공부호르몬을 염두에 두고 의무적으로 2시간씩 책을 읽거나 글을 쓸 필요는 없다. 평소 잘 쉬지 못했던 사람이라면 오히려 1시간 동안 아무 일도 하지 않고 쉬는 것이 에너지와 뇌의 힘을 성장시키는 데 더 효과적일 수 있다. 또한 심리적으로 어려움을 자주 느끼는 사람이라면 마음의 평정을 위해 먼저 1시간 정도 쉬거나 행복한 인간관계를 갖는 편이 더 나은 선택일 것이다.

본격적인 공부호르몬 만들기는 2~3주 미루더라도 상관없다.

7주라는 기간을 제시했지만, 이는 평균적인 지침일 뿐 모든 사람에게 똑같이 해당되는 사항은 아니다. 사람에 따라서는 7주가 아니라 10주, 15주로 기간이 늘어날 수도 있다.

무엇보다 중요한 것은 이 책이 제안하는 몸과 마음, 뇌의 유기적 연관성과 그를 향상시키기 위한 방법을 제대로 실감하는 것이다. 몸이 살아야 뇌가 살고, 뇌가 살아야 마음도 편안해진다는 사실을 총체적으로 받아들이는 경험이 중요하다. 당신의 삶을 채우고 있던 인생의 독소를 단 10%라도 줄일 수 있다면, 공부호르몬이 샘솟을 공간을 마련할 수 있다.

생활 습관
변화 훈련

1 밥, 빵, 면, 커피, 과일, 단 음식 등 기분을 좌지우지하는 음식과 결별하라. 이 가운데 줄일 수 있는 것들을 최대한 줄여보자. 대신 지방 섭취를 늘려도 좋다.

2 좀 더 움직여라. 가능하다면 주말에 등산이나 여행을 다녀오자. 자동차를 이용하는 대신 걸어보자. 허벅지와 종아리, 코어 근육에 에너지가 넘치는 한 주가 이어질 것이다.

3 더 자고 더 쉬어라. 당신이 지금 무척 많이 지쳤다는 사실을 알고 있다면 단 며칠만이라도 제대로 잠을 잘 권리를 선언하라. 잠자는 동안 뇌가 채워지고 몸이 살아나며 삶이 평온해진다.

4 이 세 가지를 잘 실천하면서도 에너지와 시간이 남는다면, 나머지 네 항목에도 하나씩 도전해보라. 매일 2시간 이상 즐겁게 책 읽고 글쓰기, 매일 1시간 이상 아무 일 하지 않고 쉬기, 매일 마음

의 평정을 위해 1시간 할애하기, 일주일에 5시간 이상 행복한 인간관계 갖기 가운데 여건이 허락되고 자신이 잘 할 수 있는 것부터 골라서 시작해보자.

5 이상적인 뇌를 위한 일곱 가지 활동을 모두 하고도 시간과 에너지가 남는다면 명상과 여가 생활에 도전해보자.

6 생각처럼 몸과 마음이 잘 따라주지 않을지도 모른다. 스스로도 내 몸과 마음이 왜 이러는지 모를 때가 있을 것이다. 몸과 마음이 뜻대로 움직이지 않는다면 공부에 대한 강한 열정과 의지를 다잡아야 한다. 간단한 방법으로 인터넷, 백과사전, 명언집 등을 뒤져서 공부와 관련된 글을 모으는 것도 좋다. 그 글을 노트에 적고 암기하며 내 안의 정제되고 순수한 의지의 불꽃을 다시 지펴보자.

공부에 매몰되지
않을 것

책 읽기의 규칙

일주일 동안 열심히 기초 활동을 실천했다면, 2주차부터는 뇌의 힘
을 높이는 데 최선을 다해야 한다. 우선 자신의 현재 여건을 고려해
공부와 독서의 비율을 정하도록 하자. 공부의 즐거움을 되찾기 위해
서는 책 읽기의 기쁨을 다시 느끼고 회복하는 과정이 꼭 필요하다.
시험이나 승진, 일과 무관한 재미와 감동을 위해 독서를 시도해보자.
해야 할 학습량이 이미 많은 경우에는 전체 학습 시간 대 독서를 6:4
비율까지 허용해도 괜찮다. 그러나 그보다 공부 시간을 더 늘려서는
안 된다.

수험생이라면 하루 중 총 학습 시간이 이미 많을 것이다. 그렇다면 정해진 학습 시간을 조금 줄여서라도 독서 시간을 만들어야 한다. 학습 시간이 조금 짧아진다고 해도 학습의 효율을 높인다면 얼마든지 원하는 성취에 다가갈 수 있다. 몸과 마음, 뇌의 유기적인 활성이 이뤄지면서 학습 능력이 크게 향상되기 때문이다.

직장인 역시 평일에 독서 시간을 내는 것이 쉽지 않을 수 있다. 그러나 2주차에는 매일 1시간 이상 독서할 수 있도록 노력해야 한다. 버스나 지하철에서 책을 읽어보자. 1시간 이상이 힘들다면 주말이라도 많은 시간을 독서에 할애해야 한다.

이때 주의할 점은 다른 활동 시간까지 줄여가면서 책을 읽어서는 안 된다는 것이다. 그보다는 앞서 정한 자신만의 비율을 따르는 것이 중요하다. 마음을 위한 활동과 몸을 위한 활동을 꾸준히 병행하는 것이 공부호르몬을 완성하는 가장 중요한 원칙이다.

매일 공부한 내용과 독서 시간 및 내용을 잘 기록해야 한다. 공부호르몬 향상을 위한 독서는 마치 매일 밥을 먹거나 운동하는 것과 같다. 뇌의 여러 호르몬이 규칙적이고 조화롭게 활동하는 습관과 규칙을 만들어나가야 한다. 그러니 한 시간 동안 즐겁게 책을 읽었다면 20분 동안은 휴식할 겸 요가 동작 등의 운동을 하는 것이 좋다. 또 30분 동안 글을 쓴 뒤에는 자신을 위한 건강한 만찬을 차려보는 것도 좋다.

공부호르몬

공부호르몬을 만드는
독서 습관

1 나에게 깊은 감동과 몰입을 선사할 책 한 권을 고르자. 2주차에는 공부나 업무와 관련된 전문 서적보다 즐겁게 읽을 수 있는 문학작품이 좋다.

2 독서 시간을 확보하라. 출퇴근 시간이나 등하교 시간, 이동 시간에 책을 읽는다면 1시간 정도 독서 시간을 마련할 수 있다. 잠들기 전 또는 아침 일찍 20~30분 정도 책 읽는 시간을 가지는 것도 좋다.

3 책 읽는 즐거움을 배가할 수 있는 환경을 조성해두면 더욱 도움이 된다. 아무도 없는 방 안에서 책을 펼쳐보거나, 조용한 카페에서 허브 차 한 잔을 마시며 독서 시간을 가져보자. 독서의 기쁨과 집중력을 늘려줄, 여유로운 환경을 만들어보는 것이다.

4 일주일간 총 독서 시간이 10시간이 넘을 수 있도록 일정을 조율

한다. 하루 1시간 30분 정도만 할애하면 된다. 주중에 독서 시간을 못 채웠다고 해서 조급해할 필요는 없다. 평일 동안 채우지 못한 독서는 주말에 보충하면 된다.

5 직장인이라면 10시간의 독서 시간을 내는 것이 쉽지 않을 수 있다. 그럴수록 더욱 시간을 할애해 즐거운 독서에 집중해야 한다. 읽어야 하니까 억지로 읽는 게 아니라 읽고 싶은, 큰 기쁨과 성취감을 얻는 책 읽기로 독서 시간을 채우자. 과중한 업무로 긴장한 뇌에 휴식을 주는 일이 될 수 있다.

6 주말에는 이번 주에 읽은 책에 대해 솔직한 감상문을 써보자. 부담스럽지 않게 짧은 분량으로 간단히 적으면 된다. 기록한 내용은 두고두고 읽어보자.

7 책을 읽으며 멋진 구절을 찾았다면 그냥 넘어가지 마라. 지혜는 나누면 몇 배씩 커진다. 좋은 구절을 SNS나 메일로 친구나 지인과 공유하자.

8 유명한 문학작품을 읽었다면 해설서를 보며 자신이 읽은 경험과 비교해보는 것도 좋다. 전문가가 이 책을 어떻게 읽었는지 참

고하는 것은 내가 읽은 책, 내가 공부한 내용을 더 깊고 정세하게 만드는 훌륭한 방법이다.

9 한 권의 책을 읽고도 약간의 여유가 남는다면 짧은 그림책, 동화 책, 단편소설, 포켓북 정도를 더 읽을 수 있다.

10 매주 10시간 이상 독서는 나머지 5주 동안에도 계속 실천해야 한다.

3주차

변화를 지속하게
해주는 힘

긍정적인 마음이 뇌 호르몬을 강화한다

어떤 변화 프로그램이든 가장 힘든 고비가 되는 중요한 분수령이
3주차다. 전과 달라진 일상이 몇 주째 이어지면 피로감과 스트레스
가 쌓이기 때문이다. 조금씩 꾀를 부리기도 하고, 이렇게 힘든데 괜
히 시작했다는 후회와 갈등이 생기기도 한다. 이때 변화의 고삐를
놓치지 않기 위해 몇 가지 비법이 더 필요하다.

첫 번째는 이 프로그램을 시작한 동기를 가볍게 상기해보는 것이
다. 지금의 실천과 변화가 가진 의미를 음미하며 마음가짐을 다잡을
필요가 있다.

둘째, 이 프로그램을 무사히 수행할 수 있도록 도와줄 조력자를 찾아보라. 사실 단 10분에 불과하더라도 전과 다른 일상을 매일 꾸준히 실천해나가는 일은 상당한 내적·외적 에너지가 필요하다. 새로운 습관이란 뇌와 마음이 완전히 새로운 변화에 적응해야 하는 일이기 때문이다. 순간순간 내적 저항을 경험하는 것은 어쩌면 당연한 일이다. 스스로 의지가 약해질 때 함께할 조력자가 있으면 큰 도움이 된다. 그와 함께 책을 읽고, 함께 운동하고, 좋은 음식을 같이 먹을 수 있다면 실천이 훨씬 수월할 것이다.

마지막으로 다음과 같은 목표를 눈에 보이는 곳에 적어놓고 마음이 나약해질 때마다 읽어보자.

- 공부호르몬 향상을 위한 도전 이전과 이후의 내 삶은 크게 달라질 것이다.
- 나는 매일 공부하는 멋진 삶을 살게 될 것이다.
- 나는 매일 조금 더 지혜롭게 변하고, 더 성장한 의식을 갖게 될 것이다.
- 이 같은 변화는 삶이 더 윤택해지고 행복해지는 지름길이다.
- 공부호르몬을 만들면 나의 지력과 수행력이 크게 개선될 것이다.
- 급변하는 시대에 보다 잘 적응하는 사람이 될 것이다.
- 공부호르몬 만들기가 선사하는 웰빙이 나의 모든 면에서 도약과 상승을 제공할 것이다.
- 나는 보다 향상된 면역력, 기대 수명, 회복탄력성, 자존감을 갖게 될 것

이다.

• 매일 즐겁게 공부하고 건강한 삶을 유지하는 것이 곧 좋은 인생이다.

이 같은 긍정적인 생각들로 나태해진 자신을 다잡자. 그러나 이런 생각만으로 의욕과 에너지가 다 채워지기는 어려울 것이다. 당신에게 필요한 것은 강제나 억압이 아니라 기쁨과 활력이다. 우리는 좀 더 행복해지고, 좀 더 기뻐해야 한다. 약해진 에너지를 채울 긍정심리 전략이 꼭 필요하다.

긍정 정서는 부정 정서를 이길 수 있다. 하지만 그러기 위해서는 부정 정서를 가졌을 때보다 3배 이상 노력해야 한다. 긍정 심리 전략은 의식적으로 부정 정서를 없앨 수 있는 효과적인 방법이다. 여러 가지 긍정 심리 전략 중 오늘 할 수 있는 일, 이번 주 해볼 수 있는 일을 골라 계획표에 적고 꼭 실천해보자.

긍정 심리 전략

1 편한 친구를 만나 툭 터놓고 수다를 떤다.

2 거울 속의 나와 진지하게 대화를 나눈다.

3 평소에 다니던 길이 아닌 길로 가본다.

4 마음에 드는 시를 몇 편 외운다.

5 자신의 꿈을 100가지 적어본다.

6 하루 세 번 거울 속 자신에게 미소 짓는 연습을 한다.

7 하루 한 번 이상 다른 사람의 좋은 점을 찾아내 칭찬한다.

8 나 자신을 위해 꽃을 한번 사본다.

9 날씨가 좋은 날에 석양을 보러 산책을 나간다.

10 하루에 세 번씩 사진을 찍을 때처럼 환하게 웃어본다.

11 아침에 일어나 오늘 하고 싶은 일을 하나 적고 실천해본다.

12 몰입할 수 있는 새로운 취미를 만들어본다.

13 음악을 크게 틀어놓고 내 맘대로 춤을 춘다.

14 망설이는 일이 있다면 리스트를 작성하고 쉬운 일부터 먼저 해
   결한다.

15 일하는 중간중간 크게 웃으려고 노력한다.

16 매 순간이 생의 단 한 번뿐인 귀한 시간이라고 생각해본다.

17 지금하고 있는 일을 사랑하려고 노력한다.

18 상대방에게 먼저 큰 소리로 인사한다.

19 친하고 유머러스한 주변 사람과 좀 더 자주 오랫동안 이야기를 나눈다.

20 잘해야 한다는 강박관념을 버리기 위해 노력한다.

21 인생은 불완전하고 불안정한 것임을 인정한다.

22 남의 눈치를 보지 않으려고 노력한다.

23 남에게 뭔가 해주고서 보상받기를 바라지 않는다.

24 고마운 대상, 감사한 일을 하루 한 가지씩 적어본다.

25 멋진 여행을 구체적으로 계획해본다.

26 시간이 날 때마다 즐거운 상상을 한다.

27 고래고래 노래를 불러본다.

28 누군가에게 고맙고 감사한 마음이 생기면 곧바로 표현한다.

29 하루에 한 번이라도 자신에게 사랑한다는 말을 해본다.

30 소중한 사람들에게 진심 어린 편지를 쓴다.

31 마주치는 아주 작은 것들에 감사한 마음을 갖기 위해 노력한다.

32 스스로 요리를 해 먹어본다. 누군가를 초대하면 더 좋다.

33 다시 일기를 쓴다.

34 한 번도 해보지 않은 일에 도전한다.

35 스트레스를 무조건 피하지 말고 있는 그대로 받아들인다.

36 할 일이 있다면 다음으로 미루지 말고 지금 당장 시작한다.

37 울고 싶을 땐 소리 내어 실컷 울어본다.

38 숨을 깊고 길게 들이마시고 내쉬어보자.

39 인생은 근원적으로 혼자라는 사실을 부정하지 않는다.

40 있는 그대로의 내 모습을 인정하고 사랑하려 애쓴다.

41 그가 나와 다를 수 있다는 사실을 인정한다.

42 매일 20분 정도라도 하루 일을 돌이켜보는 명상의 시간을 갖는다.

43 마음을 편안하게 해주는 음악을 고르고 하루 중 그것을 듣는 시간을 마련한다.

44 싫은 것은 당당히 'NO'라고 말한다.

45 매사를 너무 심각하게 받아들이지 않도록 노력한다.

46 천천히 여유를 부리며 걸어본다.

47 좋아하는 사람에게 마음껏 베풀어본다.

48 타인과 비교하는 마음을 버리기 위해 노력한다.

49 인생에서 정말 중요한 것은 무엇인지 고민해본다.

50 사랑하는 사람의 눈을 마주보며 사랑한다고 말한다.

진정한 몰입이
뇌의 한계를 넓힌다

기쁨을 주는 책 읽기

지난 3주 동안 꾸준히 프로그램을 실천했는가? 그렇다면 당신의 몸
과 마음, 뇌는 차츰 변화하기 시작했을 것이다. 이제 즐겁게 책 읽기
에 어느 정도 적응이 되었으므로 독서의 기쁨에 흠뻑 취할 차례다.
4주차 독서에서 가장 중요한 핵심은 책에 푹 빠져드는 일, 즉 독서
에 몰입하는 것이다.

먼저 당신에게 진정한 즐거움을 가져다줄 책부터 정하자. 책을
고를 때는 기호와 관심사를 적극적으로 반영하되, 자신의 독서 능
력보다 조금 어려운 책을 고르면 더 큰 성취감을 맛볼 수 있다. 책의

난이도가 조금 높더라도 자신이 바라던 내용과 깨달음을 선사할 책이라는 판단이 든다면 과감히 고르자. 또 고른 책이 자신의 리듬과 호흡에 맞는지 살피는 것이 중요하다. 먼저 마음에 드는 책을 골라 몇 페이지를 무심히 읽어보자. 조금 어려운 내용이라도 호기심과 흥미를 북돋는 책이라면 4주차 책의 후보가 될 수 있다.

4주차에는 책 읽는 시간을 1시간에서 2시간까지 탄력적으로 운영해보는 것이 좋다. 시간을 정해 의무적으로 읽기보다는 자신의 리듬과 기분을 고려해 유연하게 대응해보자. 한 권을 골라 본격적으로 읽기 시작했다면 최대한 느리게 읽기 바란다. 이번 주 목표는 즐거움을 위한 독서라는 점을 잊지 말자.

당신이 독서하기에 가장 좋은 환경을 조성하는 데에도 신경을 써야 한다. 조용한 카페, 음악을 틀어놓은 거실 소파, 스탠드 등만 켜둔 조용한 책상 등 가장 편하게 느끼고 집중해서 독서할 수 있는 공간과 시간을 마련하자.

모든 것이 준비됐다면 최대한 자신의 호흡과 리듬에 맞춰 책을 읽는 것이 중요하다. 마치 시를 감상하듯 느리고 신중하게 읽으면서 내용을 음미해보자. 마음에 드는 구절이 있다면 그 구절을 몇 번이고 곱씹어보길 바란다. 만약 책을 통해 스스로 깨달은 멋진 실천 지침이 있다면 한두 가지라도 실행에 옮겨보자. 필요한 부분은 적어보기도 하고, 다시 읽고 싶은 부분은 책갈피를 꽂아두기도 하며 서두

르지 말고 천천히 읽어보자.

이 모든 것이 제대로 진행됐다면 당신은 책 중반부터 매우 깊은 몰입감에 빠져들게 될 것이다. 이는 심리학자 미하이 칙센트미하이가 주장하는 '최적 경험Optimal Experience'인데, 독서에서 얻을 수 있는 가장 큰 선물이라고 할 수 있다. 독서를 통한 최적 경험은 마치 책과 내가 하나가 돼 '나'라는 존재까지도 잠깐 잊어버리는 몰아沒我의 경험이다. 책에 당신이 완전히 녹아드는 물아일체의 황홀감을 꼭 느껴보길 바란다. 이 황홀감에 빠지는 시간은 바로 공부호르몬인 세로토닌, 도파민, 각종 뇌 속 호르몬이 최고 수준으로 활성화되는 시간이기도 하다.

독서를 마친 후에는 독서의 여운과 감흥을 충분히 음미해보자. 몇 분간 오늘 읽은 내용을 떠올리며 생각들을 정리한 뒤, 자신의 견해나 감상을 메모장에 적어보는 것도 좋다. 이런 글쓰기 작업은 기본적인 학습 능력을 성장시켜준다. 그뿐만 아니라 읽은 내용을 오롯이, 통합적으로 수용하는 가장 효과적인 방법 가운데 하나다.

좋은 책은 좋은 생각을 샘솟게 한다. 좋은 생각으로 일상이 채워지는 것이 바로 좋은 삶일 것이다. 이런 좋은 생각들의 향연이 바로 공부호르몬을 만드는 원천이다.

몰입 독서 전략

1 책을 편안하게 펼치고서 '이 책을 읽으면 내가 좀 더 성숙해지고 성장할 거야'라는 믿음을 가진다. 독서에 대한 좋은 느낌을 조금 더 고조해보자.

2 다른 생각은 잠시 내려놓고 책과 관련된 생각에만 집중하자.

3 독서가 무르익으면, 글자와 뇌가 서로 상호작용하며 다양한 상상과 느낌이 머릿속에 파노라마처럼 펼쳐질 것이다. 때로는 책이 건네는 삶의 멋진 진실을 만나면서 깊은 감동과 깨달음에 젖어들기도 할 것이다. 마음에 드는 문장이 있다면 따라 적어보기도 하고, 몇 번이고 반복해 읽어가면서 여유롭게 읽자.

4 독서를 마친 후에는 독서의 여운과 감흥을 충분히 음미하기 바란다. 몇 분간 오늘 읽은 내용을 떠올리며 생각을 정리해보는 것도 좋다.

5 몇 권의 책을 읽고 난 후 주제를 정해 글쓰기에 도전해보자. 예를 들어 '돈'을 소재로 한 책을 읽었다고 해보자. 그렇다면 '돈과 웰빙'에 대해 자신만의 생각과 느낌으로 에세이를 써보는 것이다. 컴퓨터에 따로 파일을 만들어 이를 저장하고 시간이 날 때마다 고쳐 쓰고 살을 덧대 글의 완성도를 높여보자.

6 읽은 내용을 다른 사람과 공유해보자. 함께 공부하는 조력자가 있다면 그 사람에게 읽은 내용을 정리해 보여주거나 설명해보라. 블로그나 기타 웹상에 글쓰기를 진행하고 있다면 그곳에 읽은 내용을 정리해 업로드하는 것도 좋다.

7 책을 잘 읽는 방법 가운데 하나는 읽은 내용을 자주 상기하는 것이다. 어제 지하철에서 읽은 책 내용, 오늘 오전 잠깐 짬이 나 읽은 시 한 구절을 떠올려보는 것이다. 이는 책에 대한 깊은 이해와 수용이 가능하게 하는 지름길이다. 동시에 책 읽기가 선사하는 본질적인 즐거움 중 하나다.

5주차
효율적인 학습 기술을 적용하자

일과 관련된 독서를 시작할 때

4주간의 실천으로 당신의 몸과 마음, 뇌는 근본적인 변화를 맞이했을 것이다. 여기에 효율적인 학습 기술이 더해지면 학습 역량의 변화를 고스란히 체감하게 된다. 이미 달라진 몸과 마음, 그리고 뇌가 당신의 학습 능력을 높여줄 것이다.

　이 프로그램의 궁극적인 목표 중 하나는 공부호르몬 활성화를 통해 공부를 좀 더 잘하게 되는 것이다. 5주차에는 새로운 공부법을 터득하고 적용해야 한다. 때로 저항감이 일어나기도 하겠지만, 이제 본격적으로 자신의 일과 미래와 관련된 공부에 도전해보자. 편안한 마음으로 소파에 앉아 독서를 즐기는 것도 물론 좋다. 그러나 자신의 직무와 직업에 필요한 지식을 배우는 것 역시 인생에서 피할 수 없는 핵심 과제다. 이번 주에는 새롭게 익힌 공부의 기술을 통해 전과는 다른 방식으로 자신의 일과 관련된 공부에 도전해보자.

먼저 당신의 공부법을 다각적으로 변화시켜야 한다. 조금만 둘러보면 시중에 정형화된 공부법을 찾을 수 있다. 그중 자신에게 맞는 공부법을 체득하고 실제로 응용해보자. 유명한 공부법들은 분명 많은 사람에게 도움을 줄 것이다. 그렇지만 과연 나에게도 맞는 공부법인지 확신할 순 없다. 하나의 공부법만 고집할 필요도, 어떤 공부법의 원칙을 무조건 따라야 할 필요도 없다. 공부에 관한 다양한 방법론을 받아들여 스스로에게 알맞게 적용해보자.

이제 필요한 건 자신의 현재 직무와 미래의 업무에 도움이 될 학습 내용이 담긴 책이다. 관련 강의를 수강하는 것도 도움이 되겠지만, 결국 많은 정보가 체계적으로 담긴 전문 서적이 필요하다. 그동안 읽고 싶었지만 여러 사정 때문에 미뤄둔 직무 관련 책을 한 권 선정하고 새로운 학습 기술로 공부해보자. 전에는 써보지 못했던 암기법이나 필기법을 새로운 공부에 응용해보는 것이다. 4주 동안 잘 실천했으니 당신의 뇌에는 이미 공부호르몬이 흐르고 있을 것이다. 더 맑은 정신, 더 또렷한 집중력, 더 강한 체력이 당신의 공부를 뒷받침할 것이다.

직무 학습 시
점검 사항

1 공부하기 전 학습 준비물을 잘 챙긴다.

2 배운 내용을 잘 숙지했는지 반복해서 자체 시험을 치른다.

3 시험을 쳤다면 오답 노트를 꼼꼼히 정리한다.

4 강의를 듣고 난 후, 아무것도 보지 않고 스스로 요점 정리를 해본다.

5 모르는 내용이 생기면 책이나 참고서를 통해 반드시 확인한다.

6 매일 배우고자 하는 내용을 1시간 이상 자습한다.

7 주말마다 한 주 동안 배운 내용을 복습한다.

8 강의를 듣기 전 5분 이상 예습 시간을 갖는다.

9 공부할 때는 공부에만 집중하고 다른 일은 절대 하지 않는다.

10 주간, 월간 단위의 학습 계획표를 세운다.

11 배운 내용을 저녁마다 조금씩이라도 복습한다.

12 자신만의 암기법을 찾기 위해 다각적으로 실험해본다.

13 더 효과적인 정리법을 찾아 노트 정리를 조금 더 충실히 한다.

14 공부 시간에는 스마트폰, 음식, 음악 같은 방해물을 멀리한다.

15 과제는 미루지 않고 미리 한다.

6주차
공부호르몬
부스팅

심화 과정 돌입하기

6주차는 당신의 잠재력 최고치를 확인하는 주가 될 것이다. 이제 기초 활동을 비롯해서 몇 가지 추가 활동을 더 실천해야 한다. 1주차에 소개했던 이상적인 뇌를 위한 일곱 가지 활동(7시간 이상 잘 자기, 매주 10시간 이상 운동하기, 탄수화물 섭취 반으로 줄이기, 매일 2시간 이상 즐겁게 책 읽고 글쓰기, 매일 1시간 이상 아무 일도 하지 않고 쉬기, 마음의 평정을 위해 매일 1시간 할애하기, 일주일에 5시간 이상 행복한 인간 관계 갖기)을 실천하기 위해 노력하는 동시에, 몇 가지 뇌의 힘 강화 활동을 시도해볼 수 있다.

228

이번 주에는 좀 더 강력하게 식습관 관리를 해보자. 일주일간 마늘, 토마토와 같은 슈퍼 푸드를 열심히 섭취해야 한다. 컬러 채소 섭취량을 두 배로 늘리고, 마시는 물의 양도 20% 이상 늘리자. 질 나쁜 음식과 술은 한 주만이라도 엄격하게 금해보자. 또한 매일 1시간의 휴식 시간만큼은 최대한 보장해야 한다. 못한 일이나 실천 지침이 있더라도 정해진 휴식 시간은 방해받아서는 안 된다. 휴식은 이 프로그램에서 가장 중요한 일이다.

새로 추가된 건 글쓰기다. 새롭게 일기장이나 글쓰기 노트를 하나 마련한 후 매일 자유롭게 30분 이상 글을 써보자. 아침보다는 하루를 마무리하는 저녁이나 잠들기 전에 쓰는 것이 적당하다.

이번 주에는 필수적으로 명상을 해보자. 명상에 대해 갖고 있는 편견은 잠시 내려놓도록 하자. 마음을 어루만지고 잡념을 비워내는 치유의 시간이라고 생각하면 된다. 오래 명상할 필요는 없다. 단 20~30분만이라도 복잡한 생각으로부터 자신을 떼놓는 해방감을 경험해보자.

6주차에 필요한 중요한 실천 사항 중 또 하나는 인간관계에 관한 것이다. 외로움을 삶에서 걷어내는 것은 당신의 심신과 뇌에 선사하는 최고의 선물이다. SNS나 다른 매체를 통해 사람들과 소통할 수도 있지만, 직접적인 대면 접촉만큼 마음을 어루만지기는 힘들다.

단, 불편한 인간관계나 지금 막 알기 시작한 사람을 만나는 것은 잠시 미루자. 금요일 저녁이나 여유로운 주말, 이미 익숙하고 나를 잘 이해해주는 사람을 만나자. 차 한 잔을 마시며 그간 지내온 서로의 일상을 이야기하면 따뜻한 유대감을 쌓을 수 있다.

이제 남은 건 당신의 뇌에 활력과 행복감을 줄 여가 활동이다. 특별한 취미, 평소 선호하는 여가 활동이 있다면 그것을 즐길 시간을 마련해야 한다. 가급적 시간의 구애를 받지 말고 충분히 그 활동을 즐기길 추천한다.

취미 활동만큼 좋은 게 있다면 바로 여행이다. 당일 코스나 1박 2일로 짧은 여행을 가는 것도 좋다. 여행은 뇌가 가장 기뻐하는 활동 가운데 하나다. 뇌는 새로운 체험에 열광한다. 무리하지 않는 선에서 여행 계획을 짜자. 낯선 여행지를 택하면 당신의 뇌는 더욱 활성화될 것이다.

심화 과정
BMB 기준

몸

수면: 매일 7시간 이상 숙면.

운동: 일주일간 총 10시간 이상 운동.

음식: 탄수화물 섭취 반으로 줄이기, 소식하기, 야채 섭취량 늘리기.

휴식: 매일 1시간 이상 아무 일 하지 않고 쉬기.

뇌

독서: 매일 2시간 이상 책 읽기.

글쓰기: 매일 30분 이상 글쓰기.

명상: 출퇴근 시간 등 짧은 시간 활용해 틈틈이 30분 이상 명상하기.

마음

치유: 매일 긍정적인 활동 세 가지 이상 실천하기.

인간관계: 가까운 사람과 한 나절 이상 즐거운 만남 갖기.

여가 활동: 휴일에 취미 활동 즐기기 혹은 여행 다녀오기.

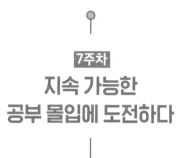

지속 가능한
공부 몰입에 도전하다

이미 당신은 달라졌다

어느덧 마지막 주다. 지난 6주 동안 BMB 스터디 프로그램을 잘 실천했다면 건강한 심신과 성능 좋은 뇌를 가질 수 있는 기초 작업을 마쳤다고 볼 수 있다.

공부호르몬 활성화를 위한 BMB 스터디 프로그램은 총체적 건강 위에 공부를 세우는, 견실하면서도 근본적인 학습법이다. 단순히 공부를 잘하기 위한 목적뿐만 아니라 자신의 수명과 건강을 지혜롭게 통제하기 위한 프로그램이기도 하다.

당신의 근원적인 바람이 무엇인지 다시 한 번 생각해보자. 건강하게 오랫동안 살고 싶은가? 행복과 의미 있는 가치로 충만한 삶을 누리고 싶은가? 평생 즐겁고 성실하게 공부하고 싶은가? 처음 세웠던 목표를 다시 상기한다면 7주간의 긴 프로그램을 끝까지 실천할 수 있을 것이다.

아직 당신은 차의 뼈대와 엔진만을 갖춘 상태에 가깝다. 외장을 더 멋지게 꾸미고 보다 튼튼한 내부 구조를 장착하려면 더 배우고 더 공부하고 더 한결같은 삶을 살아가야 한다. 7주차의 주요 목표는 지금까지 의지와 결심으로, 끈기와 인내로 유지해왔던 6주간의 프로그램 실천을 완전히 내면화하는 것이다. 내 몸에 완전히 익혀, 의지의 단계에서 습관의 단계로 도약하는 것이다. 다음의 지침을 따라 공부호르몬을 완성해나가자.

이번 주에는 계획표를 세우되, 시간과 장소에 연연하지 않아도 좋다. 주중 5일간은 그동안 익혀왔던 대로 기초 활동을 자유롭게 실천하면 된다. 공적인 일, 직무와 관련된 일을 제외하고는 최대한 느슨하게 스케줄을 관리해도 좋다. 상황에 따라 필요한 실천 지침을 편안하게 따르자. 미처 하지 못한 실천 사항은 금요일쯤 확인하면 된다. 금요일 밤 잠들기 전, 주말 이틀 동안 어떤 일을 어떻게 보충하면 좋을지 세심하게 계획을 세워보자.

이때 책 한 권 읽기는 반드시 실천해야 한다. 또 일이나 취미와 관련된 공부 역시 적당한 비중을 두고 꾸준히 실천하자. 충분히 자고, 좋은 음식을 챙겨 먹고, 적극적으로 몸을 움직이자. 틈틈이 책을 읽고 그 내용과 생각을 글로 적어보자. 그리고 만나고 싶은 사람이 있다면 너무 무리하지 않는 선에서 만나도록 하자.

조금 모자라도, 조금 실수해도 좋다. 지나간 일에 너무 집착하지 말자. 다음 주에 좀 더 통제력을 발휘하면 된다. BMB 스터디 프로그램의 7주차에 접어든 당신의 뇌는 이제 책과 공부에 즐거움을 느끼는 신경망을 형성해나가고 있다. 당신이 책을 보거나 공부를 할 때, 당신 뇌 속 신경세포에서는 공부호르몬이 샘솟는다.

자신의 뇌를 이미지로 그려보자. 공부호르몬, 공부신경망이 만들어지는 모습을 상상해서 그림으로 그려보는 것이다.

앞으로는 매주 한 편씩 자기 성찰의 글을 써보자. 독서와 공부에 대해, 자신의 성숙한 삶에 필요한 일에 대해 자성해보자. 자기 성찰이야말로 건강한 뇌 상태를 유지하는 가장 좋은 도구다.

평생 공부 습관

1 주중 5일간은 공적인 일, 직무와 관련된 일을 제외하고는 최대한 느슨하게 스케줄을 따른다. 그때그때마다 필요한 실천 사항을 자유롭고 편안하게 따르면 된다.

2 금요일이 되면 한 주 동안 부족했던 실천 사항을 확인한다. 주말에는 그 일을 세심하게 보충한다.

3 책 읽기와 직무 관련 공부는 철저히 실천하자.

4 충분히 자고, 항상 좋은 음식을 챙겨 먹자. 몸을 움직이는 일에 적극적인 자세를 가져라.

5 만나고 싶은 사람이 있다면 너무 무리하지 않는 선에서 만나자.

6 매주 한 편씩 자기 성찰의 글을 쓰자.

실전 BMB
스터디 계획표

매일 실천하고 매일 기록하자

이제 실제로 BMB 스터디 프로그램을 실천해보자. 다음은 각 주별로 몸, 뇌, 마음의 상태를 기록할 수 있는 표다. 매일 자신의 상태를 체크해보고 일주일 단위로 평균을 낸 후 이상적인 기준 기록과 비교하자. 기준 기록에 맞추기 위해 무리할 필요는 없다. 자신에게 적합한 수준을 찾아 꾸준히 실천하는 게 중요하다.

계획표를 작성하는 방법은 간단하다. 각 항목의 기록 방법은 다음 내용을 참고하자.

몸

수면: 수면 시간을 기록한다. 수면의 질도 상·중·하로 평가해본다.

운동: 총 운동 시간과 내용을 적는다.

음식: 아침, 점심, 저녁의 식사 내용을 간단히 적는다.

휴식: 아무 일도 하지 않으며 쉰 시간을 기록한다.

뇌

독서: 책의 제목, 내용, 독서 분량을 비교적 상세히 적는다.

글쓰기: 간단하게 주제와 내용을 적는다.

명상: 명상한 내용과 시간을 간단히 기록한다.

마음

치유: 치유와 관련된 활동의 내용과 시간을 적는다.

인간관계: 사적 인간관계의 내용을 간단히 적는다. 공적 관계라도 인간적인(정서적) 활동이 있었다면 기록한다.

여가 활동: 여가 활동의 내용과 시간을 적는다.

7주차	몸				
	수면	운동	음식	휴식	독서
1일	• 시간: 6시간 27분 • 수면의 질: 하	• 내용: 러닝머신 • 시간: 45분	• 아침: 샌드위치, 샐러드 • 점심: 가정식 백반 • 저녁: 닭가슴살 샐러드	• 내용: 스마트폰 하지 않고 쉼 • 시간: 57분	• 책 제목: <인생학교 섹스>, 알랭 드 보통 • 시간: 1시간
2일	• 시간: 6시간 38분 • 수면의 질: 하	• 내용: 집 근처 공원 걷기 • 시간: 48분	• 아침: 현미밥 채식 • 점심: 치킨 샌드위치, 샐러드 • 저녁: 스테이크, 샐러드	• 내용: 침대에 누워 잠들 때까지 아무것도 하지 않음 • 시간: 50분	• 책 제목: <인생학교 섹스>, 알랭 드 보통 • 시간: 1시간
3일	• 시간: 6시간 55분 • 수면의 질: 중	• 내용: 스쿼시 • 시간: 55분	• 아침: 닭가슴살 샐러드 • 점심: 구내식당 백반 • 저녁: 비빔밥	• 내용: 카페에 앉아 바깥 풍경 보며 아무것도 하지 않음 • 시간: 1시간	• 책 제목: <삶의 한가운데>, 루이제 린저 • 시간: 30분
4일	• 시간: 7시간 10분 • 수면의 질: 중	• 내용: 러닝머신과 웨이트트레이닝 • 시간: 1시간 20분	• 아침: 가정식 백반 • 점심: 스파게티, 샐러드 • 저녁: 돈가스, 야채샐러드	• 내용: 아침에 일찍 나와 회사 근처 카페에서 아무것도 안 함 • 시간: 30분	• 책 제목: <삶의 한가운데>, 루이제 린저 • 시간: 1시간 30분
5일	• 시간: 7시간 15분 • 수면의 질: 중	• 내용: 회식 때문에 못함 • 시간:	• 아침: 굶음 • 점심: 자장면 • 저녁: 삼겹살 3인분, 소주 반 병	• 내용: 하지 못함 • 시간:	• 책 제목: <삶의 한가운데>, 루이제 린저 • 시간: 1시간
6일	• 시간: 7시간 40분 • 수면의 질: 상	• 내용: 북한산 등반 • 시간: 오전 4시간	• 아침: 닭가슴살 샐러드 • 점심: 야채 비빔국수 • 저녁: 현미밥 채식	• 내용: 아침에 일어나 TV, 스마트폰 보지 않고 쉬기 • 시간: 2시간	• 책 제목: <행복의 완성>, 조지 베일런트 • 시간: 1시간
7일	• 시간: 7시간 35분 • 수면의 질: 상	• 내용: 지인과 공원 산책 • 시간: 2시간	• 아침: 닭가슴살 샐러드 • 점심: 쌀국수, 샐러드 • 저녁: 현미밥 채식	• 내용: 아침에 일어나 아무것도 하지 않고 쉬기 • 시간: 3시간	• 책 제목: <행복의 완성>, 조지 베일런트 • 시간: 1시간
평가	평균 7시간 3분 – 중	약 1시간 20분	하루 2,000칼로리 이하 실천	하루 1시간 이상 쉬려고 노력함	하루 평균 1시간씩 주 2권 독서 목표 달성
기준	7시간 이상	평균 1시간 30분	하루 2000칼로리 이하, 탄수화물 섭취 50% 이하 실천	하루 1시간 이상	하루 2시간 이상

뇌		마음		
글쓰기	**명상**	**치유**	**인간관계**	**여가 활동**
• 주제: 섹스와 사랑에 대한 짧은 글	• 내용: 사무실에서 의식적으로 10분 명상을 함	• 방법: 시집을 읽음	• 활동: 면담 • 관계: 김 부장	• 활동: 못함
• 시간: 30분	• 시간: 10분	• 시간: 30분	• 시간: 30분	• 시간:
• 주제: 좋았던 일, 감사한 일을 구애받지 않고 써봄	• 내용: 급한 업무 때문에 다음 주부터 실천하기로 함	• 방법: 편한 친구와 수다	• 활동: 저녁식사 • 관계: 친구 석진	• 활동: 영화 〈어바웃 타임〉 감상
• 시간: 30분	• 시간:	• 시간: 2시간	• 시간: 4시간	• 시간: 2시간
• 주제: 하지 못함	• 내용: "	• 방법: 여름휴가 계획을 세움	• 활동: 별다른 활동 없었음 • 관계:	• 활동: 틈틈이 영화 〈세렌디피티〉 감상
• 시간:	• 시간:	• 시간: 30분	• 시간:	• 시간: 총 1시간
• 주제: 인생에서 중요한 것은 무엇인가?	• 내용: "	• 방법: 퇴근길에 평소 가는 길이 아닌 다른 길로 가봄	• 활동: 혼자만의 시간 보냄 • 관계:	• 활동: 못함
• 시간: 1시간	• 시간:	• 시간: 30분	• 시간:	• 시간:
• 주제: 인생에서 사랑이 필요한 이유	• 내용: "	• 방법: 하지 못함	• 활동: ① 커피 마심 ② 회식 • 관계: 팀원들	• 활동: 못함
• 시간: 30분	• 시간:	• 시간:	• 시간: ① 30분 ② 4시간	• 시간:
• 주제: 용서에 대해 생각해봄	• 내용: "	• 방법: 시집을 읽음	• 활동: 영화 관람 및 친목 • 관계: 대학 동기 3명	• 활동: 영화 〈독전〉 감상
• 시간: 30분	• 시간:	• 시간: 30분	• 시간: 5시간	• 시간: 2시간
• 주제: 사랑에 대해 생각해봄	• 내용: "	• 방법: 거울을 보며 미소 짓는 연습함	• 활동: 혼자만의 시간 보냄 • 관계:	• 활동: 애니메이션 영화 〈인사이드 아웃〉 감상
• 시간: 30분	• 시간:	• 시간: 10분	• 시간:	• 시간: 2시간
하루 30분 이상 글쓰기 목표 달성	다음 주부터 실천하기로 함	하루 10분이라도 실천하려고 노력함	주말에 편안한 사람과 시간을 보냄	영화 감상에 치우쳐 있음
매주 한 편씩 자기 성찰의 글쓰기	하루 20~30분씩	하루 30분 책에서 제시한 다양한 긍정 심리 전략 가운데 3가지 이상 실천하기	가까운 사람과 한 나절 이상 즐거운 만남 갖기	휴일에 취미 활동 즐기기 혹은 여행 다녀오기

1주차	몸				
	수면	**운동**	**음식**	**휴식**	**독서**
1일	• 시간: • 수면의 질:	• 내용: • 시간:	• 아침: • 점심: • 저녁:	• 내용: • 시간:	• 책 제목: • 시간:
2일	• 시간: • 수면의 질:	• 내용: • 시간:	• 아침: • 점심: • 저녁:	• 내용: • 시간:	• 책 제목: • 시간:
3일	• 시간: • 수면의 질:	• 내용: • 시간:	• 아침: • 점심: • 저녁:	• 내용: • 시간:	• 책 제목: • 시간:
4일	• 시간: • 수면의 질:	• 내용: • 시간:	• 아침: • 점심: • 저녁:	• 내용: • 시간:	• 책 제목: • 시간:
5일	• 시간: • 수면의 질:	• 내용: • 시간:	• 아침: • 점심: • 저녁:	• 내용: • 시간:	• 책 제목: • 시간:
6일	• 시간: • 수면의 질:	• 내용: • 시간:	• 아침: • 점심: • 저녁:	• 내용: • 시간:	• 책 제목: • 시간:
7일	• 시간: • 수면의 질:	• 내용: • 시간:	• 아침: • 점심: • 저녁:	• 내용: • 시간:	• 책 제목: • 시간:
평가					
기준	7시간 이상	평균 1시간	하루 2000칼로리 이하, 탄수화물 섭취 30% 이하 실천	하루 30분 이상	

뇌		마음		
글쓰기	명상	치유	인간관계	여가 활동
• 주제:	• 내용:	• 방법:	• 활동: • 관계:	• 활동:
• 시간:	• 시간:	• 시간:	• 시간:	• 시간:
• 주제:	• 내용:	• 방법:	• 활동: • 관계:	• 활동:
• 시간:	• 시간:	• 시간:	• 시간:	• 시간:
• 주제:	• 내용:	• 방법:	• 활동: • 관계:	• 활동:
• 시간:	• 시간:	• 시간:	• 시간:	• 시간:
• 주제:	• 내용:	• 방법:	• 활동: • 관계:	• 활동:
• 시간:	• 시간:	• 시간:	• 시간:	• 시간:
• 주제:	• 내용:	• 방법:	• 활동: • 관계:	• 활동:
• 시간:	• 시간:	• 시간:	• 시간:	• 시간:
• 주제:	• 내용:	• 방법:	• 활동: • 관계:	• 활동:
• 시간:	• 시간:	• 시간:	• 시간:	• 시간:
• 주제:	• 내용:	• 방법:	• 활동: • 관계:	• 활동:
• 시간:	• 시간:	• 시간:	• 시간:	• 시간:

2주차	몸				
	수면	운동	음식	휴식	독서
1일	• 시간: • 수면의 질:	• 내용: • 시간:	• 아침: • 점심: • 저녁:	• 내용: • 시간:	• 책 제목: • 시간:
2일	• 시간: • 수면의 질:	• 내용: • 시간:	• 아침: • 점심: • 저녁:	• 내용: • 시간:	• 책 제목: • 시간:
3일	• 시간: • 수면의 질:	• 내용: • 시간:	• 아침: • 점심: • 저녁:	• 내용: • 시간:	• 책 제목: • 시간:
4일	• 시간: • 수면의 질:	• 내용: • 시간:	• 아침: • 점심: • 저녁:	• 내용: • 시간:	• 책 제목: • 시간:
5일	• 시간: • 수면의 질:	• 내용: • 시간:	• 아침: • 점심: • 저녁:	• 내용: • 시간:	• 책 제목: • 시간:
6일	• 시간: • 수면의 질:	• 내용: • 시간:	• 아침: • 점심: • 저녁:	• 내용: • 시간:	• 책 제목: • 시간:
7일	• 시간: • 수면의 질:	• 내용: • 시간:	• 아침: • 점심: • 저녁:	• 내용: • 시간:	• 책 제목: • 시간:
평가					
기준	7시간 이상	평균 1시간 30분	하루 2000칼로리 이하, 탄수화물 섭취 30% 이하 실천	하루 1시간 이상	하루 1시간 이상

뇌			마음	
글쓰기	명상	치유	인간관계	여가 활동
• 주제:	• 내용:	• 방법:	• 활동: • 관계:	• 활동:
• 시간:	• 시간:	• 시간:	• 시간:	• 시간:
• 주제:	• 내용:	• 방법:	• 활동: • 관계:	• 활동:
• 시간:	• 시간:	• 시간:	• 시간:	• 시간:
• 주제:	• 내용:	• 방법:	• 활동: • 관계:	• 활동:
• 시간:	• 시간:	• 시간:	• 시간:	• 시간:
• 주제:	• 내용:	• 방법:	• 활동: • 관계:	• 활동:
• 시간:	• 시간:	• 시간:	• 시간:	• 시간:
• 주제:	• 내용:	• 방법:	• 활동: • 관계:	• 활동:
• 시간:	• 시간:	• 시간:	• 시간:	• 시간:
• 주제:	• 내용:	• 방법:	• 활동: • 관계:	• 활동:
• 시간:	• 시간:	• 시간:	• 시간:	• 시간:
• 주제:	• 내용:	• 방법:	• 활동: • 관계:	• 활동:
• 시간:	• 시간:	• 시간:	• 시간:	• 시간:

3주차	몸				
	수면	**운동**	**음식**	**휴식**	**독서**
1일	• 시간: • 수면의 질:	• 내용: • 시간:	• 아침: • 점심: • 저녁:	• 내용: • 시간:	• 책 제목: • 시간:
2일	• 시간: • 수면의 질:	• 내용: • 시간:	• 아침: • 점심: • 저녁:	• 내용: • 시간:	• 책 제목: • 시간:
3일	• 시간: • 수면의 질:	• 내용: • 시간:	• 아침: • 점심: • 저녁:	• 내용: • 시간:	• 책 제목: • 시간:
4일	• 시간: • 수면의 질:	• 내용: • 시간:	• 아침: • 점심: • 저녁:	• 내용: • 시간:	• 책 제목: • 시간:
5일	• 시간: • 수면의 질:	• 내용: • 시간:	• 아침: • 점심: • 저녁:	• 내용: • 시간:	• 책 제목: • 시간:
6일	• 시간: • 수면의 질:	• 내용: • 시간:	• 아침: • 점심: • 저녁:	• 내용: • 시간:	• 책 제목: • 시간:
7일	• 시간: • 수면의 질:	• 내용: • 시간:	• 아침: • 점심: • 저녁:	• 내용: • 시간:	• 책 제목: • 시간:
평가					
기준	7시간 이상	평균 1시간 30분	하루 2000칼로리 이하, 탄수화물 섭취 30% 이하 실천	하루 1시간 이상	하루 1시간 이상

뇌			마음	
글쓰기	**명상**	**치유**	**인간관계**	**여가 활동**
• 주제:	• 내용:	• 방법:	• 활동: • 관계:	• 활동:
• 시간:	• 시간:	• 시간:	• 시간:	• 시간:
• 주제:	• 내용:	• 방법:	• 활동: • 관계:	• 활동:
• 시간:	• 시간:	• 시간:	• 시간:	• 시간:
• 주제:	• 내용:	• 방법:	• 활동: • 관계:	• 활동:
• 시간:	• 시간:	• 시간:	• 시간:	• 시간:
• 주제:	• 내용:	• 방법:	• 활동: • 관계:	• 활동:
• 시간:	• 시간:	• 시간:	• 시간:	• 시간:
• 주제:	• 내용:	• 방법:	• 활동: • 관계:	• 활동:
• 시간:	• 시간:	• 시간:	• 시간:	• 시간:
• 주제:	• 내용:	• 방법:	• 활동: • 관계:	• 활동:
• 시간:	• 시간:	• 시간:	• 시간:	• 시간:
• 주제:	• 내용:	• 방법:	• 활동: • 관계:	• 활동:
• 시간:	• 시간:	• 시간:	• 시간:	• 시간:
		하루 30분 책에서 제시한 다양한 긍정 심리 전략 가운데 1~2가지 실천하기		

4주차	몸				
	수면	운동	음식	휴식	독서
1일	• 시간: • 수면의 질:	• 내용: • 시간:	• 아침: • 점심: • 저녁:	• 내용: • 시간:	• 책 제목: • 시간:
2일	• 시간: • 수면의 질:	• 내용: • 시간:	• 아침: • 점심: • 저녁:	• 내용: • 시간:	• 책 제목: • 시간:
3일	• 시간: • 수면의 질:	• 내용: • 시간:	• 아침: • 점심: • 저녁:	• 내용: • 시간:	• 책 제목: • 시간:
4일	• 시간: • 수면의 질:	• 내용: • 시간:	• 아침: • 점심: • 저녁:	• 내용: • 시간:	• 책 제목: • 시간:
5일	• 시간: • 수면의 질:	• 내용: • 시간:	• 아침: • 점심: • 저녁:	• 내용: • 시간:	• 책 제목: • 시간:
6일	• 시간: • 수면의 질:	• 내용: • 시간:	• 아침: • 점심: • 저녁:	• 내용: • 시간:	• 책 제목: • 시간:
7일	• 시간: • 수면의 질:	• 내용: • 시간:	• 아침: • 점심: • 저녁:	• 내용: • 시간:	• 책 제목: • 시간:
평가					
기준	7시간 이상	평균 1시간 30분	하루 2000칼로리 이하, 탄수화물 섭취 30% 이하 실천	하루 1시간 이상	하루 1~2시간 탄력적으로 운용

뇌			마음	
글쓰기	명상	치유	인간관계	여가 활동
• 주제:	• 내용:	• 방법:	• 활동: • 관계:	• 활동:
• 시간:	• 시간:	• 시간:	• 시간:	• 시간:
• 주제:	• 내용:	• 방법:	• 활동: • 관계:	• 활동:
• 시간:	• 시간:	• 시간:	• 시간:	• 시간:
• 주제:	• 내용:	• 방법:	• 활동: • 관계:	• 활동:
• 시간:	• 시간:	• 시간:	• 시간:	• 시간:
• 주제:	• 내용:	• 방법:	• 활동: • 관계:	• 활동:
• 시간:	• 시간:	• 시간:	• 시간:	• 시간:
• 주제:	• 내용:	• 방법:	• 활동: • 관계:	• 활동:
• 시간:	• 시간:	• 시간:	• 시간:	• 시간:
• 주제:	• 내용:	• 방법:	• 활동: • 관계:	• 활동:
• 시간:	• 시간:	• 시간:	• 시간:	• 시간:
• 주제:	• 내용:	• 방법:	• 활동: • 관계:	• 활동:
• 시간:	• 시간:	• 시간:	• 시간:	• 시간:
	하루 10분	하루 30분 책에서 제시한 다양한 긍정 심리 전략 가운데 1~2가지 실천하기		

5주차	몸				
	수면	운동	음식	휴식	독서
1일	• 시간: • 수면의 질:	• 내용: • 시간:	• 아침: • 점심: • 저녁:	• 내용: • 시간:	• 책 제목: • 시간:
2일	• 시간: • 수면의 질:	• 내용: • 시간:	• 아침: • 점심: • 저녁:	• 내용: • 시간:	• 책 제목: • 시간:
3일	• 시간: • 수면의 질:	• 내용: • 시간:	• 아침: • 점심: • 저녁:	• 내용: • 시간:	• 책 제목: • 시간:
4일	• 시간: • 수면의 질:	• 내용: • 시간:	• 아침: • 점심: • 저녁:	• 내용: • 시간:	• 책 제목: • 시간:
5일	• 시간: • 수면의 질:	• 내용: • 시간:	• 아침: • 점심: • 저녁:	• 내용: • 시간:	• 책 제목: • 시간:
6일	• 시간: • 수면의 질:	• 내용: • 시간:	• 아침: • 점심: • 저녁:	• 내용: • 시간:	• 책 제목: • 시간:
7일	• 시간: • 수면의 질:	• 내용: • 시간:	• 아침: • 점심: • 저녁:	• 내용: • 시간:	• 책 제목: • 시간:
평가					
기준	7시간 이상	평균 1시간 30분	하루 2000칼로리 이하, 탄수화물 섭취 30% 이하 실천	하루 1시간 이상	하루 1~2시간 탄력적으로 운용

뇌		마음		
글쓰기	명상	치유	인간관계	여가 활동
• 주제:	• 내용:	• 방법:	• 활동: • 관계:	• 활동:
• 시간:	• 시간:	• 시간:	• 시간:	• 시간:
• 주제:	• 내용:	• 방법:	• 활동: • 관계:	• 활동:
• 시간:	• 시간:	• 시간:	• 시간:	• 시간:
• 주제:	• 내용:	• 방법:	• 활동: • 관계:	• 활동:
• 시간:	• 시간:	• 시간:	• 시간:	• 시간:
• 주제:	• 내용:	• 방법:	• 활동: • 관계:	• 활동:
• 시간:	• 시간:	• 시간:	• 시간:	• 시간:
• 주제:	• 내용:	• 방법:	• 활동: • 관계:	• 활동:
• 시간:	• 시간:	• 시간:	• 시간:	• 시간:
• 주제:	• 내용:	• 방법:	• 활동: • 관계:	• 활동:
• 시간:	• 시간:	• 시간:	• 시간:	• 시간:
• 주제:	• 내용:	• 방법:	• 활동: • 관계:	• 활동:
• 시간:	• 시간:	• 시간:	• 시간:	• 시간:
	하루 10분	하루 30분 책에서 제시한 다양한 긍정 심리 전략 가운데 1~2가지 실천하기		

6주차	몸				
	수면	운동	음식	휴식	독서
1일	• 시간: • 수면의 질:	• 내용: • 시간:	• 아침: • 점심: • 저녁:	• 내용: • 시간:	• 책 제목: • 시간:
2일	• 시간: • 수면의 질:	• 내용: • 시간:	• 아침: • 점심: • 저녁:	• 내용: • 시간:	• 책 제목: • 시간:
3일	• 시간: • 수면의 질:	• 내용: • 시간:	• 아침: • 점심: • 저녁:	• 내용: • 시간:	• 책 제목: • 시간:
4일	• 시간: • 수면의 질:	• 내용: • 시간:	• 아침: • 점심: • 저녁:	• 내용: • 시간:	• 책 제목: • 시간:
5일	• 시간: • 수면의 질:	• 내용: • 시간:	• 아침: • 점심: • 저녁:	• 내용: • 시간:	• 책 제목: • 시간:
6일	• 시간: • 수면의 질:	• 내용: • 시간:	• 아침: • 점심: • 저녁:	• 내용: • 시간:	• 책 제목: • 시간:
7일	• 시간: • 수면의 질:	• 내용: • 시간:	• 아침: • 점심: • 저녁:	• 내용: • 시간:	• 책 제목: • 시간:
평가					
기준	7시간 이상	평균 1시간 30분	하루 2000칼로리 이하, 탄수화물 섭취 50% 이하 실천	하루 1시간 이상	하루 2시간 이상

뇌		마음		
글쓰기	명상	치유	인간관계	여가 활동
• 주제:	• 내용:	• 방법:	• 활동: • 관계:	• 활동:
• 시간:	• 시간:	• 시간:	• 시간:	• 시간:
• 주제:	• 내용:	• 방법:	• 활동: • 관계:	• 활동:
• 시간:	• 시간:	• 시간:	• 시간:	• 시간:
• 주제:	• 내용:	• 방법:	• 활동: • 관계:	• 활동:
• 시간:	• 시간:	• 시간:	• 시간:	• 시간:
• 주제:	• 내용:	• 방법:	• 활동: • 관계:	• 활동:
• 시간:	• 시간:	• 시간:	• 시간:	• 시간:
• 주제:	• 내용:	• 방법:	• 활동: • 관계:	• 활동:
• 시간:	• 시간:	• 시간:	• 시간:	• 시간:
• 주제:	• 내용:	• 방법:	• 활동: • 관계:	• 활동:
• 시간:	• 시간:	• 시간:	• 시간:	• 시간:
• 주제:	• 내용:	• 방법:	• 활동: • 관계:	• 활동:
• 시간:	• 시간:	• 시간:	• 시간:	• 시간:
하루 30분 이상 자유롭게 글쓰기	하루 20~30분씩	하루 30분 책에서 제시한 다양한 긍정 심리 전략 가운데 3가지 실천하기	가까운 사람과 한 나절 이상 즐거운 만남 갖기	휴일에 취미 활동 즐기기 혹은 여행 다녀오기

7주차	몸				
	수면	운동	음식	휴식	독서
1일	• 시간: • 수면의 질:	• 내용: • 시간:	• 아침: • 점심: • 저녁:	• 내용: • 시간:	• 책 제목: • 시간:
2일	• 시간: • 수면의 질:	• 내용: • 시간:	• 아침: • 점심: • 저녁:	• 내용: • 시간:	• 책 제목: • 시간:
3일	• 시간: • 수면의 질:	• 내용: • 시간:	• 아침: • 점심: • 저녁:	• 내용: • 시간:	• 책 제목: • 시간:
4일	• 시간: • 수면의 질:	• 내용: • 시간:	• 아침: • 점심: • 저녁:	• 내용: • 시간:	• 책 제목: • 시간:
5일	• 시간: • 수면의 질:	• 내용: • 시간:	• 아침: • 점심: • 저녁:	• 내용: • 시간:	• 책 제목: • 시간:
6일	• 시간: • 수면의 질:	• 내용: • 시간:	• 아침: • 점심: • 저녁:	• 내용: • 시간:	• 책 제목: • 시간:
7일	• 시간: • 수면의 질:	• 내용: • 시간:	• 아침: • 점심: • 저녁:	• 내용: • 시간:	• 책 제목: • 시간:
평가					
기준	7시간 이상	평균 1시간 30분	하루 2000칼로리 이하, 탄수화물 섭취 50% 이하 실천	하루 1시간 이상	하루 2시간 이상

뇌		마음		
글쓰기	명상	치유	인간관계	여가 활동
• 주제:	• 내용:	• 방법:	• 활동: • 관계:	• 활동:
• 시간:	• 시간:	• 시간:	• 시간:	• 시간:
• 주제:	• 내용:	• 방법:	• 활동: • 관계:	• 활동:
• 시간:	• 시간:	• 시간:	• 시간:	• 시간:
• 주제:	• 내용:	• 방법:	• 활동: • 관계:	• 활동:
• 시간:	• 시간:	• 시간:	• 시간:	• 시간:
• 주제:	• 내용:	• 방법:	• 활동: • 관계:	• 활동:
• 시간:	• 시간:	• 시간:	• 시간:	• 시간:
• 주제:	• 내용:	• 방법:	• 활동: • 관계:	• 활동:
• 시간:	• 시간:	• 시간:	• 시간:	• 시간:
• 주제:	• 내용:	• 방법:	• 활동: • 관계:	• 활동:
• 시간:	• 시간:	• 시간:	• 시간:	• 시간:
• 주제:	• 내용:	• 방법:	• 활동: • 관계:	• 활동:
• 시간:	• 시간:	• 시간:	• 시간:	• 시간:
매주 한 편씩 자기 성찰의 글쓰기	하루 20~30분씩	하루 30분 책에서 제시한 다양한 긍정 심리 전략 가운데 3가지 이상 실천하기	가까운 사람과 한 나절 이상 즐거운 만남 갖기	휴일에 취미 활동 즐기기 혹은 여행 다녀오기

참고문헌

김정호, 《마음챙김명상 멘토링》, 불광출판사

나쓰이 마코토, 《탄수화물이 인류를 멸망시킨다》, 청림Life

다니엘 핑크, 《드라이브》, 청림출판

대니얼 골먼, 《SQ 사회지능》, 웅진지식하우스

데이비드 번스, 《필링 굿》, 아름드리미디어

데이비드 쉐퍼, 《발달심리학》, 박영스토리

데이비드 A. 수자, 《공부하는 우리 아이들 머릿속의 비밀》, 한국뇌기반교육연구소

로버트 트리버스, 《우리는 왜 자신을 속이도록 진화했을까?》, 살림출판사

리처드 탈러, 캐스 선스타인, 《넛지》, 리더스북

릭 핸슨, 《행복 뇌 접속》, 담앤북스

마커스 버킹엄 외, 《위대한 나의 발견 강점 혁명》, 청림출판

마크 윌리엄스 외, 《8주 나를 비우는 시간》, 불광출판사

마틴 셀리그만, 《심리학 처방전》, 물푸레

마틴 셀리그만, 《낙관성 학습》

미우라 슈몬, 《청소년에게 권하고 싶은 세계의 명작》, 행담

미하이 칙센트미하이, 《몰입flow》, 한울림

미하이 칙센트미하이, 《어른이 된다는 것은》, 해냄

바버라 프레드릭슨, 《내 안의 긍정을 춤추게 하라》, 물푸레

소냐 류보머스키, 《How to be happy》, 지식노마드

스티븐 S. 일라디, 《나는 원래 행복하다》, 말글빛냄

아리아나 허핑턴, 《수면 혁명》, 민음사

알피 콘, 《경쟁에 반대한다》, 산눈

앤서니 그랜트 외, 《행복은 어디에서 오는가》, 비즈니스북스

에드워드 L. 데시, 리처드 플래스트, 《마음의 작동법》, 에코의서재

에베 코지, 《밥 빵 면》, 위즈덤하우스

공부호르몬

윌리엄 데이먼 외, 《GOOD WORK》, 생각의나무

윌리엄 데이먼, 《무엇을 위해 살 것인가》, 한국경제신문사

월터 미셸, 《마시멜로 테스트》, 한국경제신문사

윌리엄 데레저위츠, 《공부의 배신》, 다른

윌리엄 제임스, 《심리학의 원리》, 아카넷

조너선 하이트, 《행복의 가설》, 물푸레

조지 베일런트, 《행복의 완성》, 흐름출판

존 레이티, 《운동화 신은 뇌》, 녹색지팡이

주디스 올로프, 《감정의 자유》, 물푸레

칩 하스, 댄 하스, 《스위치》, 웅진지식하우스

캐런 레이비치, 앤드류 샤테, 《회복력의 7가지 기술》, 물푸레

캐롤 드웩, 《새로운 성공의 심리학》, 부글북스

켄 베인, 《최고의 공부》, 와이즈베리

탈 벤 샤하르, 《완벽의 추구》, 위즈덤하우스

탈 벤 샤하르, 《하버드대 52주 행복연습》, 위즈덤하우스

탈 벤 샤하르, 《해피어》, 위즈덤하우스

토마스 호엔제, 《평정심, 나를 지켜내는 힘》, 갈매나무

포 브론슨, 애쉴리 메리먼, 《양육쇼크》, 맑은숲

프랑수아 를로르 외, 《내 감정 사용법》, 위즈덤하우스

필립파 페리, 《인생학교 정신》, 쌤앤파커스

하워드 가드너, 《다중지능》, 웅진지식하우스

헤르만 헤세, 《헤르만 헤세의 독서의 기술》, 뜨인돌

헨리 뢰디거 외, 《어떻게 공부할 것인가》, 와이즈베리

홍주영, 《지방의 누명》, 디케이제이에스

KI신서 7596

공부호르몬

1판 1쇄 발행 2018년 7월 30일
1판 3쇄 발행 2019년 7월 10일

지은이 박민수 박민근
펴낸이 김영곤 박선영
펴낸곳 (주)북이십일 21세기북스
출판사업본부장 정지은
실용출판팀장 김수연 **실용출판팀** 이지연 이보람
디자인 윤지은
출판영업팀 한충희 김수현 최명열 윤승환
마케팅2팀 배상현 김윤희 이현진
홍보기획팀 이혜연 최수아 박혜림 문소라 전효은 김선아 양다솔
제작팀 이영민 권경민

출판등록 2000년 5월 6일 제406-2003-061호
주소 (10881) 경기도 파주시 회동길 201 (문발동)
대표전화 031-955-2100 **팩스** 031-955-2151 **이메일** book21@book21.co.kr

(주)북이십일 경계를 허무는 콘텐츠 리더

21세기북스 채널에서 도서 정보와 다양한 영상자료, 이벤트를 만나세요!
장강명, 요조가 진행하는 팟캐스트 말랑한 책수다 <책, 이게 뭐라고>
페이스북 facebook.com/jiinpill21   포스트 post.naver.com/21c_editors
인스타그램 instagram.com/jiinpill21   홈페이지 www.book21.com
유튜브 www.youtube.com/book21pub
서울대 가지 않아도 들을 수 있는 명강의! <서가명강>
네이버 오디오클립, 팟빵, 팟캐스트에서 '서가명강'을 검색해보세요!

© 박민수·박민근, 2018

ISBN 978-89-509-7643-9 03320